FLORULE

DU

CANTON DE MÉRY-SUR-SEINE

FLORULE

DU

CANTON DE MÉRY-SUR-SEINE

PAR

M. LOUIS HARIOT

Pharmacien à Méry-sur-Seine

ET

M. PAUL HARIOT

Étudiant en Médecine et en Pharmacie

—♦—

TROYES

IMPRIMERIE ET LITHOGRAPHIE DUFOUR-BOUQUOT

Rue Notre-Dame, 43 et 44

—

1874

FLORULE

DU

CANTON DE MÉRY-SUR-SEINE

———

Ce catalogue raisonné des plantes du canton sera mieux compris en le faisant précéder des notions suivantes de géologie et de géographie botanique.

Le plateau mamelonné du canton, constitué par la formation crayeuse, est divisé par les vallées de la Seine et de l'Aube en trois régions.

La vallée de l'Aube s'étend de l'E. à l'O.; la vallée de la Seine offre deux directions, dont le point de rencontre est à Méry; l'une N.-O., entre cette ville et Savières; l'autre, O.-N.-O., de Méry jusqu'à la limite départementale de la Marne.

La longueur du canton est de 32 kilomètres.

La superficie est de 37,918 kilomètres.

Sa plus haute altitude, au nord, est à Salon de 155 mètres; mais le point culminant de toute la contrée est de 206 mètres à la limite, au sud, de la Chapelle-Vallon.

environs de Troyes; son herbier, a écrit M. Corrard de Breban, a dû être en la possession de M. le docteur Pigeotte; nous avons fait vainement des recherches à ce sujet.

Vers la même époque, un bibliothécaire de la ville de Troyes, M. l'abbé Leduc, confectionnait un herbier qui est devenu la propriété de M. Delaporte, pharmacien et membre de la Société Académique.

1799. — Le docteur Serqueil qui était professeur à l'Ecole centrale, en prairial an VII, avait laissé un herbier qui fut vendu à la livre avec de vieux papiers après la mort du pharmacien Gentil. — Ce professeur, plein de zèle, avait entrepris un jardin botanique à Troyes, qui fut trois fois presque achevé et trois fois détruit; pourtant, M. le préfet Brulé, dans une statistique sur le département, parle de ce *jardin formé par les soins du docteur Serqueil, professeur d'histoire naturelle; il contenait,* dit-il, *1,500 espèces étiquetées et classées suivant le système de Linnée.* — Des détails certains devront se trouver dans le journal de l'Ecole centrale dont il a été publié 67 numéros; nous n'avons pu consulter ces documents rares.

1826. — La Société académique de l'Aube propose un prix pour une Flore du département.

1829. — La Société académique, dans son projet de statistique du département, demande aux concurrents, pour le règne végétal, au chapitre 1er de la topographie, article 4° : « de décrire tous les végétaux qui croissent dans le département, et spécialement ceux qui sont les plus remarquables et les plus utiles. — On indiquera les lieux où ils existent. — On fera connaître les bois et les forêts du département avec les essences d'arbres qui s'y trouvent. »

1829. — *Observations pour servir à la Flore du département de l'Aube,* par M. Corrard de Breban, membre de la Société académique de l'Aube.

L'auteur donne une liste des plantes selon le système de

Linnée, qu'il intitule : *Liste de quelques plantes observées aux environs de Troyes.*

Elles sont au nombre de 550, dont 16 cryptogames; il indique l'habitat pour les moins communes, et le nom vulgaire quelquefois.

1832. — Dans un discours de séance publique de la Société académique, M. Astruc demande un jardin botanique pour la ville de Troyes : « où, dit-il, une collection de plantes précieuses indigènes et exotiques, méthodiquement classées, appellera l'attention du naturaliste, du chimiste, du médecin et de l'homme du monde qui veut charmer ses loisirs et ses promenades. »

1832. — M. Chaales Des Etangs publie dans les Mémoires de la Société académique de l'Aube, dont il est membre résidant : *Recherches des principales plantes qui croissent spontanément dans le département de l'Aube et principalement aux environs de Troyes, faites pendant l'année 1832, pour servir à la statistique végétale de ce département.*

Sa liste est de 190 plantes; 6 seulement sont totalement étrangères à la Flore de Paris, 20 y sont indiquées, mais ne s'y trouvent que difficilement ou point du tout; 100 sont considérées comme rares.

1836. — On trouve dans l'Annuaire de l'Aube de cette année : *Recherches hygiéniques sur la commune de Rouilly-Saint-Loup*, canton de Lusigny; la partie botanique est de M. Des Etangs; il divise son travail en flore des moissons, des jachères, des prairies artificielles et des prairies naturelles, avec des réflexions sur les fourrages.

Même travail sur la commune de Villemaur, canton d'Estissac, par le même.

1836. — Un 2me supplément à la liste des plantes observées dans le département de l'Aube, en 1826, est présenté à la Société académique par M. Corrard de Breban; on y compte 75 phanérogames et 64 cryptogames, au total 139 plantes.

L'auteur s'est étendu avec complaisance sur la classe des champignons; c'est, dit-il : « qu'il y a là une précieuse application de la science aux intérêts positifs. En effet, chaque année, la bonne et prévoyante nature fait naître dans nos bois des myriades de champignons qui, frais ou conservés, suffiraient à alimenter des communes entières, et, chaque année, l'ignorance les foule aux pieds et les comprend dans une proscription générale; soyons donc justes envers tout le monde, même envers les champignons, etc. etc. »

1837. — M. le docteur Cartereau, de Bar-sur-Seine, membre correspondant de la Société académique, présente un 3me supplément à la flore du département : *Catalogue des plantes cryptogames recueillies dans les environs de Bar-sur-Seine*, et offertes à la Société d'agriculture, des sciences, arts et belles-lettres du département de l'Aube. Superbe collection de 300 espèces revues par le docteur Mougeot, savant cryptogamiste, et classées selon l'ordre naturel adopté par le botanien Gallicum de Duby et Decandolle. — Nous y retrouvons les espèces alimentaires dans l'ordre des champignons : quelques Agarics, les Truffes, les Morilles, les Helvelles, les Chanterelles, les Clavaires.

1841. — *Notes sur quelques plantes observées dans le département de l'Aube,* par M. Des Etangs. — Il ne s'occupe que de 13 végétaux.

1844. — *Noms populaires des plantes de l'Aube et des environs de Provins,* par M. Des Etangs.

1850. — M. Des Etangs fait un rapport sur le *Catalogue raisonné des plantes vasculaires du département de la Marne,* de M. de Lambertye.

Le département de la Marne, d'après les détails du rapporteur, compte 1,040 espèces de végétaux dont 87 ne se trouvent pas dans l'Aube; nous avons, d'un autre côté,

155 espèces qui manquent à la Marne ; notre département possède donc 68 espèces de plus que le département de la Marne.

1852. — MM. Alexandre Ray et Guenin, dans la *Statistique du canton des Riceys*, mentionnent 120 plantes parmi lesquelles 15 sont spéciales au canton.

1856. — *Catalogue raisonné des plantes vasculaires du département de l'Aube*. Paris, 1856, in-8°, tome 1er, VIII-184 pages, par M. J. R. Bourguignat. —Pourquoi ce catalogue est-il si rare dans notre département?

1858. — La *Statistique du canton d'Aix-en-Othe*, par M. Emile Monchaussé, inscrit 120 végétaux de ce canton.

1859. — *L'Essai de géographie botanique de l'Aube*, par M. Antoine Le Grand, est un savant travail où nos richesses botaniques sont classées géologiquement d'après les terrains. — Sur les 1,100 espèces de l'Aube, il en cite 30 qui caractérisent les terrains siliceux et 30 pour les terrains calcaires.

Il termine en disant : « Nous avons dans notre département quelque chose de la végétation attrayante des Alpes. »

1861. — La Statistique du canton de Méry-sur-Seine, énumère ainsi les végétaux de ce canton :

1° Les arbres, les arbrisseaux, les sous-arbrisseaux qui croissent dans les bois ;

2° Les arbres et arbrisseaux à fruits ;

3° Les plantes peu communes dans le canton.

1864. — Le Congrès scientifique de France, dans sa 31e session tenue à Troyes, en réponse à la question : *Indiquer les plantes rares et celles particulières aux différents terrains dont se compose le sol du département*, signale 6 espèces qui sont rares ou manquent dans plusieurs localités, et qui se rencontrent à Méry où quelques-unes sont très-communes.

1865. — L'auteur de la *Statistique du canton de Ramerupt*, M. Thévenot, publie une liste des plantes de ce canton, qui est restée manuscrite aux archives de la Société académique de l'Aube.

1872. — Les *Annales de la Société horticole de l'Aube*, page 359, publient un rapport sur une excursion botanique au parc de Pont-sur-Seine.

—

Notice sur les Herbiers qui font partie des collections botaniques de la Société Académique.

HERBIERS DE L'AUBE.

1°. Un herbier de l'Aube, par M. Des Etangs. — Il contient quelques plantes de Provins et de la Haute-Marne. — Toutes les familles du département y sont représentées. Deux suppléments y ont été ajoutés par M. Antoine Le Grand, particulièrement pour les plantes de la plaine de Fooltz et des Riceys. Il est à désirer qu'un botaniste du département continue cette œuvre si bien commencée, et l'enrichisse des nouvelles espèces découvertes dans l'Aube; les localités les plus souvent citées sont : les marais de Villechétif, la côte de Montgueux et les bois de Macey, la forêt d'Orient, les environs de Bar-sur-Aube, de Bar-sur-Seine et des Riceys, les environs de Villenauxe. — Cet herbier, qui forme 5 tomes in-folio, plus les deux fascicules de supplément, a été composé entre 1830 et 1840.

2°. Un herbier de cryptogames, en 2 tomes in-folio, de M. le docteur Cartereau, de Bar-sur-Seine; il est excessivement soigné sous tous les rapports.

HERBIERS GÉNÉRAUX.

3°.   Un herbier de **M. Berge**, jeune cultivateur de Coclois, mort depuis quelques années, à Bouffarik. Cette collection, en 10 volumes in-folio, comprend des plantes de l'Aube (marais de Falourdet), des environs de Paris, et des plantes étrangères provenant du Jardin-des-Plantes de Paris.

4°.   Un herbier général en 12 volumes in-folio, sans nom d'auteur, classé suivant le système de Linnée ; chaque feuille contient plusieurs plantes de la même famille.

5°.   Des débris sans valeurs d'herbiers phanérogamiques et cryptogamiques, rangés d'après Linnée.

6°.   Un herbier contenu dans un volume relié, in-folio, fait en 1692, par Charles Plumier, botaniste de Louis XIV, et offert par lui au père Rollet, religieux minime.

Cet herbier, donné au Musée de Troyes par M. Hariot, pharmacien à Méry, contient plusieurs plantes collées sur la même feuille : on a suivi les méthodes de Bauhin et Charles de l'Ecluse ; la phrase spécifique est beaucoup moins concise que celle de Linnée ; ainsi, pour l'*Osmunda regalis*, il dit, d'après Bauhin : *Filix ramosa non dentata, florida,* Fougère rameuse, non dentée, florissante. — Les échantillons sont souvent incomplets, les uns représentés par une feuille, d'autres par une fleur, etc.

Sur la première page est peint un ananas, fruit qui devait être nouveau alors.

HERBIERS PARTICULIERS.

7°.   Un fascicule de cryptogames de Pensylvanie et des monts Alléganys, offert par **M. Alexandre**. — Il renferme des fougères et quelques mousses.

8°.   Un fascicule de plantes d'Ecosse et des environs

de Rome, offert par M. Alexandre, pour faire partie d'un herbier général.

9°. Une collection de plantes des Pyrénées données par M. Corrard de Breban, en 1859, au retour d'un voyage à Bagnères de Luchon, et dénommées par un botaniste du pays.

10°. Un herbier de 100 plantes des Alpes, préparées avec soin et nommées; plusieurs plantes sont collées sur la même feuille et pourraient servir pour un herbier général.

———

La bibliothèque de Troyes renferme aussi un herbier fait par un botaniste du nom de Poiret; est-ce le botaniste Poiret du département de l'Aisne qui vivait dans les premières années de ce siècle? — Les 434 plantes qu'il contient sont assez bien préparées, mais souvent incomplètes; elles proviennent de toute la France, surtout du Midi, des Alpes et des environs de Paris.

En 1775, M. Rondot, professeur honoraire de l'Ecole royale de dessin, donne à la bibliothèque de la ville de Troyes 4 tomes in-folio de plantes du département, au nombre de 400, dessinées et peintes par lui.

M. Des Etangs, en 1850, a catalogué les végétaux de ce recueil intéressant où l'ordre et le classement manquaient; le catalogue imprimé est joint à l'ouvrage.

Méry-sur-Seine, le 5 novembre 1873.

VÉGÉTAUX VASCULAIRES

ou

COTYLÉDONÉS

—

DICOTYLÉDONÉS

1. Renonculacées (Jussieu)

CLEMATIS VITALBA L. — Clématite des haies.

    A. R. — Saint-Oulph, près Méry, Grandes et Petites-Chapelles, Boulages.

THALICTRUM FLAVUM L. — Pigamon jaunâtre.

    C. C. — Prairies humides.

THALICTRUM COLLINUM (Wallroth). — Pigamon mineur.

    Syn. : T. saxatile (D. C.). — T. minus (L.) ex parte.
    R. R. R. — friches herbues entre les Grandes-Chapelles et Chapelle-Vallon.

ANEMONE PULSATILLA L. — Anémone pulsatille.

    R. — Abondant à la garenne de La Perthe, près l'Abbaye-sous-Plancy.

ANEMONE NEMOROSA L. — Anémone sylvie.

    R. R. R. — Petits bois, parc Prudhomme, Méry, Mesgrigny.

ADONIS AUTUMNALIS L. — Adonide d'automne.

    A. R. — Méry, Droupt-Saint-Bâle, Boulages.

ADONIS ÆSTIVALIS L. — Adonide d'été.

    C. — Moissons.
    Var. β. Ad. flava (Will.) (D. C.). Adonide à fl. jaunes.
    R. — Méry.

RANUNCULUS TRICHOPHYLLUS (Chaix in Vill.) (G. et C.). — Renoncule à feuilles capillaires.

    Syn. : R. capillaceus (Thuill.).
    C. — Mares et fossés.
    Var. β. R. cæspitosus (Thuill.) forme terrestre de la précédente.

Quelques auteurs rapportent à cette plante le R. paucista-
mineus (Tansch.) qui ne semble pas en différer.

RANUNCULUS FLUÍTANS Lam. — Renoncule flottante.

    Syn. : R. peucedanifolius (Allioni).
    C. — Rivières à eau courante.

**RANUNCULUS DIVARICATUS (Schranck). — Renoncule divari-
quée.**

    Syn. : R. circinnatus (Sibthorp.) (Cos. et Germ.).
    C. — Cette espèce fleurit plus tard que les précédentes.

RANUNCULUS FLAMMULA L. — Renoncule flammette.

    C. C. — Lieux marécageux.
    Var. β. R. reptans (L). R. Châtres.

RANUNCULUS AURICOMUS L. — Renoncule tête d'or.

    C. C. — Bois, buissons, endroits herbeux.

RANUNCULUS ACRIS L. — Renoncule âcre.

    C. C. C. — Bords des bois, prairies.
    Var. β. R. steveni (Andrz).
        R. lanuginosus (Thuill.).

RANUNCULUS REPENS L. — Renoncule rampante.

    C. C. C. — Jardins, prairies, lieux herbeux.
    Var. β. R. erectus.
        R. polyanthemos (Thuill.). C.

RANUNCULUS BULBOSUS L. — Renoncule bulbeuse.

    A. C. — Lieux herbeux, garennes.

RANUNCULUS ARVENSIS L. — Renoncule des champs.

    C. — Champs cultivés, moissons.

**FICARIA RANUNCULOIDES (Moench). — Ficaire fausse renon-
cule.**

    Syn. : Ranunculus ficaria L.
    C. C. — Bois ombragés et humides.
    Les feuilles portent souvent des bulbilles à leurs aisselles
        inférieures.

CALTHA PALUSTRIS L. — Populage des prés.

    C. C. — Lieux inondés, prairies très-humides.

HELLEBORUS fœtidus L. — Hellébore fétide.

R. — Garenne de La Perthe, près l'Abbaye-sous-Plancy, Chapelle-Vallon.

NIGELLA ARVENSIS L. — Nigelle des champs.

C. — Champs cultivés.

DELPHINIUM CONSOLIDA L. — Dauphinelle consoude.

C. — Champs, moissons.

On cultive dans les jardins, d'où il s'échappe quelquefois le delphinium orientale (Gay), plante d'Orient et d'Algérie.

CERATOCEPHALUS FALCATUS. — Cératocéphale en faux.

Syn. : Ranunculus falcatus L.

R. R. R. — Un seul échantillon à Méry, dans un champ cultivé. Cette plante de la région méridionale est très-abondante dans les champs des environs de Troyes et de Châlons-sur-Marne.

2. **Berbéridées** (Ventenat).

BERBERIS VULGARIS L. — Vinetier commun. Epine vinette.

Subspontané, se trouve dans quelques haies de jardin, à Méry.

3. **Nymphéacées** (D. C.).

NYMPHÆA ALBA L. — Nénuphar blanc.

R. — Méry, Saint-Oulph.

NUPHAR LUTEA (Smith). — Nénuphar jaune.

Syn. : Nymphæa lutea L.

C. C. — Rivières, mares des bois, grévières.

4. **Papavéracées** (D. C.).

PAPAVER SOMNIFERUM L. — Pavot somnifère.

Cultivé dans quelques jardins.

PAPAVER RHŒAS L. — Pavot coquelicot.

C. C. C. — Champs cultivés, moissons.

PAPAVER HYBRIDUM L. — Pavot hybride.

A. R. — Champs cultivés, jardins.

PAPAVER ARGEMONE L. — Pavot argémone.

C. — Champs cultivés, lieux arides.

2

Chelidonium majus L. — Grande-éclaire.

    C. C. C. — Murs, décombres, jardins.

5. Fumariées (D. C.).

Fumaria officinalis L. — Fumeterre officinale.

    C. C. C. — Champs cultivés, jardins.
    Var. β. F. media (D. C.) non Lois.
        C. jardins.

Fumaria micrantha (Lag.). — Fumeterre densiflore.

    Syn. : F. densiflora (D. C.).
        F. prehensibilis (Kitaibel).
    R. R. — Jardins de Méry.
    Se trouve abondamment dans quelques jardins à Arcis-sur-
        Aube.

Fumaria vaillantii (Lois.). — Fumeterre de Vaillant.

    A. R. — Champs, moissons, Méry, Les Chapelles, Vallant.

Fumaria parviflora (Lam.). — Fumeterre à petites fleurs.

    R. — Champs cultivés, Méry, Droupt-Sainte-Marie.

6. Crucifères (Jussieu).

Nasturtium officinale (R. Br.). — Cresson officinale.

    C. — Rivières, fossés inondés.
    Var. β. N. siifolium (Rehb.).
    A. C. — Mêmes lieux.
    Var. γ. N. microphyllum (Rehb.).
    A. C. — Sables des rivières.

Nasturtium amphibium (R. Br.). — Cresson amphibie.

    Syn. : Sisymbrium amphibium L.
    Var. Longisiliq. (Godron).
        Rotundisiliq. (Godron).
    C. C. — bords des rivières, lieux humides.

Nasturtium asperum (C. et G.). — Cresson rude.

    R. R. — Lieux inondés l'hiver, Méry, Châtres.

Barbarea vulgaris (R. Br.). — Barbarée commune.

    Syn. : Erysimum barbarea L.
    C. — Bords des chemins, bois, prés.

Arabis sagittata (D. C.). — Arabette sagittée.

    A. C. — Bois, bords des fossés des routes.
        Méry, Droupt-Sainte-Marie.

Arabis arenosa (Scopoli). — Arabette des sables.

    Syn. : Sisymbrium arenosum L.
    R. R. — Abondant dans les champs tourbeux avoisinant
        les marais de Boulages (Des Etangs).

Cardamine pratensis L. — Cardamine de prés.

    C. C. C. — Prés humides, bords des fossés.

Sisymbrium officinale (Scopoli). — Sisymbre officinal.

    Syn. : Erysimum officinale L.
    C. C. — Bords des chemins, décombres.

Sisymbrium sophia L. — Sisymbre sagesse.

    R. R. R. — Près d'une haie à Longueville.
    Cette plante se trouve abondamment dans les rues d'Origny-
        le-Sec (canton de Romilly), et de Payns, près Troyes
        (D'Antessanty).

Sisymbrium alliaria (Scopoli). — Sisymbre alliaire.

    Syn. : Erysimum alliaria L.
        Alliaria officinalis (Andrz).
    C. C. — Bois.

Braya supina (Koch). — Braye couchée.

    Syn. : Sisymbrium supinum L.
    A. C. — Sables, bords des chemins, Méry, Droupt, Châtres,
        Saint-Oulph, Boulages.

Erysimum cheïranthoïdes L. (Gay). — Velar, fausse gi-
        roflée.

    C. — Lieux cultivés, jardins, bois.

Brassica nigra (Koch). — Moutarde noire.

    Syn. : Sinapis nigra L.
    A. R. — Champs humides, Méry, Droupt-Sainte-Marie.

Sinapis arvensis L. — Moutarde des champs.

    C. C. C. — Champs cultivés, moissons.

Sinapis alba L. — Moutarde blanche.

    C. — Champs cultivés, moissons.

ERUCASTRUM POLLICHII (Schimper et Spenner). — Erucastre de Pollich.

> Syn. : B. Ochroleuca (Soyer Willemet).
> Erucastrum inodorum (Rehb.).
> Diplotaxis pollichii (Gr. et God.).
> Diplotaxis bracteata (Billot).
> C. — Champs crayeux, bords des chemins, Méry, Châtres, Viâpres-le-Petit, etc., etc.

ALYSSUM CALYCINUM L. — Alysson calicinal.

> C. C. — Champs arides, bords des chemins.

EROPHILA VULGARIS (D. C.). — Drave printanier.

> Syn. : Draba verna L.
> C. C. C. — Champs, prés secs, prairies artificielles.
> Nous n'avons pas cherché à distinguer les nombreuses espèces créées par M. Jordan, le savant botaniste de Lyon ; plusieurs botanistes qui ont cultivé quelques-unes de ces espèces les ont vu revenir au type au bout de la première année de culture.

CAMELINA SATIVA (Crantz). — Cameline cultivée.

> Syn. : Myagrum sativum L.
> Var. α. C. Sylvestris (Walroth).
> C. microcarpa (André).
> C. sativa pubescens (Coss. et Germ.).
> C. sativa pilosa (Koch.).
> C. — Champs crayeux, Méry, Droupt.
> Var. β. C. glabrata (D. C.).
> C. sativa (Rehb.).
> C. sativa glabrescens (C. et G.).
> Subspontané dans quelques champs à Méry.

THLASPI PERFOLIATUM L. — Thlaspi perfolié.

> C. — Champs cultivés, prés secs.

IBERIS AMARA L. — Thlaspi amer.

> C. C. C. — Champs cultivés, moissons.

LEPIDIUM CAMPESTRE (R. Br.). — Passerage champêtre.

> Syn. : Thlaspi campestre L.
> C. C. — Bords des chemins.

LEPIDIUM DRABA L. — Passerage drabe.

R. R. R. — Port du canal à Méry, probablement apporté par la navigation.

CAPSELLA BURSA-PASTORIS (Moench.). — Capselle bourse à pasteur.

Syn. : Thlaspi bursa-pastoris L.
Var. α. Thl. integrifolia.
    β. Thl. sinuata.
    γ. Thl. pinnatifida.
C. C. C. — Bords des chemins, murs, jardins.

SENEBIERA CORONOPUS (Poiret). — Sénebière corne de cerf.

Syn. : Cochlearia coronopus L.
C. C. — Bords des chemins, murs.

ISATIS TINCTORIA L. — Pastel des teinturiers.

C. — Champs arides, Droupt, La Perthe, près l'Abbaye.

NESLIA PANICULATA L. — Neslie paniculée.

A. C. — Champs secs, Méry, Droupt-Sainte-Marie, Vallant, Chapelle-Vallon.

CALEPINA CORVINI (Desvaux). — Calepine de Corvin.

Syn. : Myagrum bursifolium (Thuill.).
C. — Champs cultivés, arides.

RAPHANISTRUM ARVENSE (Wallrock). — Radis Ravenelle.

Syn. : Raph. raphanistrum L.
C. C. — Les cultures.

7. Cistinées (D. C.).

HELIANTHEMUM VULGARE (Gærtner). — Helianthème commun.

Syn. : Cistus helianthemun L.
R. — Abondant à la garenne de La Perthe, près l'Abbaye-sous-Plancy, garenne de Droupt-Saint-Bâle.

8. Violariées (D. C.).

VIOLA HIRTA L. — Violette hérissée.

C. C. — Bois, pelouses.

VIOLA ODORATA L. — Violette odorante.

R. R. — Dans un pré à Méry.

Viola reichenbachiana (Jordan). — Violette de Reichenbach.

Syn. : V. sylvatica (Fries).
R. — Prés à Méry.

Viola elatior (Fries.). — Violette élevée.

Syn. : V. persicifolia (Rchb.).
V. montana (Thure) non L.
A. R. — Bois, prairies humides, Méry, Droupt, Châtres, Saint-Oulph, Boulages (Des Etangs).

Viola arvensis (Murray). — Pensée sauvage.

Syn. : V. tricolor L. *ex parte*.
V. Segetalis (Jordan).
C. — Très-commune dans certaines années. Prairies artificielles.

9. **Résédacées** (D. C.).

Reseda phyteuma L. — Réséda raiponce.

A. C. — Champs arides, bords des chemins, Vallant, La Perthe, les Grandes-Chapelles, Premierfait, Boulages (Des Etangs).

Reseda lutea L. — Réséda jaune.
C. C. — Champs, jardins.

Reseda luteola L. — Réséda gaude.
C. C. — Bords des chemins, décombres.

10. **Droséracées** (D. C.).

Parnassia palustris L. — Parnassie des marais.

R. R. — Marais tourbeux. Très-abondant il y a vingt ans aux marais de Droupt-Sainte-Marie; a disparu. Boulages, près du moulin (Des Etangs).

11. **Polygalées** (Jussieu).

Polygala vulgaris L. — Polygala vulgaire.
C. — Pelouses herbeuses, garennes.
Var. β. P. grandiflora (D. C.).
Tiges assez longues, fleurs grandes en longs épis; garennes de Droupt-Saint-Bâle.

12. Silenées (D. C.).

DIANTHUS PROLIFER L. — OEillet prolifère.
C. — Champs crayeux, friches, garennes.
Var. D. Subuniflorus. Tige simple portant un glomérule
1-3 fl.

SAPONARIA VACCARIA L. — Saponaire des vaches.
R. R. R. — Lieux cultivés, Droupt-Sainte-Marie, Mesgrigny. Un seul échantillon à chaque localité.

SAPONARIA OFFICINALIS L. — Saponaire officinale.
R. — Bords des chemins, prés, Saint-Oulph, Mesgrigny.

SILENE INFLATA (Smith). — Silène enflé.
Syn. : Cucubalus behen L.
C. C. C. — Prés, champs, jardins.

MELANDRIUM DIOICUM (Coss. et Germ.). — Mélandre dioique.
Syn. : Lychnis dioica L.
L. vespertina (Sibthorps).
C. C. C. — Prés, champs.

LYCHNIS FLOS-CUCULI L. — Lychnide fleur de coucou.
R. — Prés humides, Méry.

AGROSTEMMA GITHAGO L. — Lychnide nielle.
Syn. : Lychnis githago (Lam.).
C. C. — Moissons.

13. Alsinées (D. C.).

SPERGULA ARVENSIS L. — Spargoute des champs.
R. R. R. — Quelques pieds dans un champ aux Grandes-
Chapelles.

SAGINA NODOSA (E. Meyer). — Sagine noueuse.
Syn. : Spergula nodosa (L.).
Var. Pubescens (Koch).
R. R. — Terre tourbeuse desséchée des marais de Boulages
(Des Etangs).

ALSINE TENUIFOLIA (Wheb). — Sabline à feuilles tenues.
Syn. : Arenaria tenuifolia L.

C. C. C. — Pelouses, champs secs.
Nous n'avons pas remarqué la variété Viscidula.

HOLOSTEUM UMBELLATUM L. — Holostée à ombelles.

C. C. — Bords des fossés de champs.

ARENARIA SERPYLLIFOLIA L. — Sabline à feuilles de serpolet.

C. C. — Champs, prés sablonneux, murs.

ARENARIA LEPTOCLADOS (Gussoni). — Sabline à rameaux grêles.

C. — Mêmes localités et presque aussi abondante que la précédente; elle en diffère par la plus grande ténuité de toutes ses parties et la capsule conique et non globuleuse à la base.

STELLARIA MEDIA (Vill.). — Stellaire moyenne.

Syn. : Alsine media L.
C. C. — Lieux cultivés, champs frais.
Var. β. Stellaria borœana (Jordan).
Syn. : Stellaria apetala (Boreau).
A. C. — Murs, décombres.

MALACHIUM AQUATICUM (Fries). — Ceraiste aquatique.

Syn. : Cerastium aquaticum L.
C. C. — Fossés humides des bois, prairies ombragées.

CERASTIUM TRIVIALE (Linck). — Ceraiste vulgaire.

Syn. : Cerastium vulgatum L.
C. C. C. — Croît partout.

CERASTIUM ARVENSE L. — Ceraiste des champs.

C. — Bords des champs.

14. Linées (D. C.).

LINUM TENUIFOLIUM L. — Lin à feuilles tenues.

A. C. — Méry, Droupt-Saint-Bâle, les Chapelles.

LINUM LOREYI (Jordan).

Syn. : Linum montanum (Lorey).
    L. Austriacum L. ?
R. — Pelouses sèches, friches, Méry, Droupt-Saint-Bâle, Grandes-Chapelles.

D'après M. Lamotte, le savant directeur du jardin botanique de Clermont-Ferrand, le *Linum austriacum* L. ne serait point une plante française. Sous ce nom on aurait confondu le *Linum Loreyi* (Jordan), et une autre plante qui abonde sur les coteaux de la Limagne et appelée, par M. Lamotte, *Linum limanense*.

LINUM USITATISSIMUM L. — Lin cultivé.

A été cultivé il y a quelques années dans les terres basses de Droupt-Saint-Bâle.

LINUM CATHARTICUM L. — Lin purgatif.

C. C. — Prés humides, bords des allées des bois.

15. **Malvacées** (R. Br.).

MALVA ALCEA L. — Mauve alcée.

R. R. R. — Garenne de La Perthe, près l'Abbaye-sous-Plancy.

MALVA SYLVESTRIS L. — Mauve sauvage.

C. C. — A la proximité des habitations, haies.

MALVA ROTUNDIFOLIA L. — Mauve à feuilles rondes.

C. C. C. — Bords des chemins, lieux cultivés.

ALTHÆA OFFICINALIS L. — Guimauve officinale.

Spontanée ? bois frais, sables de la Seine à Méry.

ALTHÆA HIRSUTA L. — Guimauve velue.

R. R. R. — Terrain cultivé à Méry.

16. **Hypericinées** (D. C.).

HYPERICUM PERFORATUM L. — Millepertuis perforé.

C. C. C. — Bois, champs.
Var. β. Hyp. angustifolium (Koch.).
Cette variété est aussi commune que le type.

HYPERICUM TETRAPTERUM (Fries). — Millepertuis à 4 ailes.

A. C. — Fossés humides des bois, prairies.
Méry, Droupt-Sainte-Marie, Châtres, Boulages.

HYPERICUM HIRSUTUM L. — Millepertuis velu.

A. R. — Bois secs, Méry, Mesgrigny, Châtres.

17. **Acérinées** (D. C.).

ACER PSEUDO-PLATANUS L. — Erable sycomore.
>Spontané? bois à Méry.
>Probablement échappé des pépinières de M. Guerrapain.

ACER PLATANOÏDE L. — Erable plane.
>Planté à la ferme de La Perthe, près Plancy.

ACER CAMPESTRE L. — Erable champêtre.
>C. — Bois, taillis, Méry, etc.
>S.-var. A. leiocarpum à coques glabres.
>Les Acer pseudoplatanus et platanoïdes sont souvent plantés
>en avenues dans les promenades ; l'Acer campestre est
>employé pour faire des haies de jardins.

18. **Géraniacées** (Jussieu).

GERANIUM SANGUINEUM L. — Géranium sanguin.
>R. — Mais commun dans les garennes de Droupt-Saint-
>Bâle, de La Perthe, près Plancy.

GERANIUM ROBERTIANUM L. — Géranium de Robert.
>C. C. C. — Murs, fossés.

GERANIUM ROTUNDIFOLIUM L. — Géranium à feuilles rondes.
>C. — Bords des chemins, pieds de murs.

GERANIUM DISSECTUM L. — Géranium disséqué.
>R. — Terres remuées, Méry.

GERANIUM COLUMBINUM L. — Géranium Colombin.
>C. C. — Champs secs, jardins.

GERANIUM MOLLE L. — Géranium mou.
>A. C. — Bords des chemins, Méry, Droupt-Saint-Bâle.

GERANIUM PUSILLUM L. — Géranium petit.
>C. C. C. — Bords des chemins, lieux secs.

ERODIUM CICUTARIUM (L'Hérit.). — Erodium à feuilles de
>cigne.
>Syn. : Geranium cicutarium L.

Var. β. Erod. precox. (Car.) n'est probablement que la
    plante peu développée.
Var. γ. Erod. chœrophyllum (D. C.).
    δ. Erod. triviale (Jord.), plante atteignant de grandes
    dimensions, à tiges longues, diffuses.
    ε. Erod. pilosum (Bor.). Geranium pilosum (Thuill.).

19. Celastrinées (R. Br.).

EVONYMUS EUROPŒUS L. — Fusain d'Europe.
    C. C. — Bois.

20. Rhamnées (R. Br.).

RHAMNUS CATHARTICUS L. — Nerprun purgatif.
    A. R. — Bois, haies, Méry, Châtres, Saint-Oulph.
RHAMNUS FRANGULA L. — Nerprun bourdaine.
    C. C. — Haies, taillis.

21. Papillonacées (L.).

ULEX EUROPŒUS L. — Ajonc d'Europe
    Cette plante se trouve assurément dans le canton de Méry ;
    on la trouve dans les environs d'Origny-le-Sec.

GENISTA PILOSA L. — Genêt velu.
    R. — Friches très-arides, entre les Grandes et les Petites-
    Chapelles, La Perthe.

GENISTA TINCTORIA L. — Genêt des teinturiers.
    C. C. — Prairies, coteaux.
    Var. β. Genista latifolia (Duby.),

ONONIS SPINOSA L. — Bugrane épineuse.
    Syn. : Ononis campestris (Koch).
    A. R. — Prairies.

ONONIS REPENS L. — Bugrane rampante.
    Syn. : Ononis arvensis (Smith).
        Ononis procurrens (Wallroth).
    C. C. C. — Champs, bords des chemins.

ONONIS NATRIX L. — Bugrane natrix.

    A. R. — Coteaux arides, Méry, Les Chapelles.

ANTHYLLIS VULNERARIA L. — Anthyllide vulnéraire.

    C. C. — Champs secs, coteaux arides, garennes.

MEDICAGO FALCATA L. — Luzerne en faucille.

    C. C. — Chemins, haies.

MEDICAGO LUPULINA L. — Luzerne lupuline.

    C. C. C. — Chemins, prairies.
    Var. β. Medicago willdenowiana (Koch).
    Aussi commun que le type.

MEDICAGO MINIMA (Lamanck). — Luzerne minime.

    R. R. R. — Dans une crayère de Méry.

MELILOTUS OFFICINALIS (Willdenou). — Mélilot officinal.

    Syn. : Melilotus macrorrhiza (Persoon).
    C. — Haies, bois.

MELILOTUS ARVENSIS (Wallroth). — Mélilot des champs.

    C. C. — Bords des champs.

TRIFOLIUM PRATENSE L. — Trèfle des prés.

    C. C. — Bois, prés, lieux herbeux.
    Var. β. Trif. microphyllum (Desvaux).
    Lieux arides et sablonneux.

TRIFOLIUM FRAGIFERUM L. — Trèfle fraisier.

    A. C. — Bords des chemins, Méry, Droupt, Saint-Oulph.

TRIFOLIUM REPENS L. — Trèfle rampant.

    C. C. C. — Partout.

TRIFOLIUM PROCUMBENS L. — Trèfle couché.

    Syn. : Trif. agrarium (Gr. et God.) non L.
    A. R. — Champs, bords des chemins, Méry, Droupt-Sainte-
    Marie.

TRIFOLIUM FILIFORME L. *ex parte*. — Trèfle filiforme.

    Syn. : Trif. minus (Relhan).
          Trif. procumbens (Soyez-Willemet).
    R. — Prairie de Châtres.

LOTUS CORNICULATUS L. — Lotier corniculé.

    C. C. C. — Chemins, prairies.

Lotus tenuifolius (Rehb.). — Lotier à feuilles tenues.
Syn. : Lotus tenuis (Kitaibel).
C. — Prairies humides, marais tourbeux.

Coronilla varia L. — Coronille variée.
C. C. — Champs, prairies, buissons.

Onobrychis sativa L. — Sainfoin cultivé.
Subspontané, bords des champs.

Vicia cracca L. — Vesce en épi.
C. C. C. — Buissons, haies, prairies.

Vicia sepium L. — Vesce des haies.
A. R. — Haies, Méry, Châtres.

Vicia sativa L. — Vesce commune.
Cultivé dans les champs sous le nom de vesce.

Ervum lens L. — Lentille.
Assez rarement cultivé dans le canton.

Pisum arvense L. — Pois des champs.
Cultivé sous le nom de petits pois ou de pisaille.

Lathyrus aphaca L. — Gesse Aphaca.
R. — Champs et moissons à Méry.

Lathyrus sativus L. — Gesse cultivée.

Lathyrus cicera L. — Gesse chiche.
Ces deux plantes sont cultivées sous les noms de gesse et de jarrosse.

Lathyrus tuberosus L. — Gesse tubéreuse.
A. C. — Bords des bois, prairies, Méry.

Lathyrus pratensis L. — Gesse des prés.
C. C. — Prés, bois.

Lathyrus palustris L. — Gesse des marais.
Var. β. Latifolius (De Lambertye, catalogue de la Marne.)
R. R. R. — Marais herbeux de Droupt-Sainte-Marie.

22. **Amygdalées** (Jussieu).

PRUNUS SPINOSA L. — Prunier épineux.
>   C. C. C. — Bois, haies.

PRUNUS INSITITIA L. — Prunier anté.
>   Subspontané dans les haies des villages, Méry, Châtres.

PRUNUS DOMESTICA L. — Prunier domestique.
>   Subspontané dans les haies des villages.

CERASUS AVIUM L. — Cerisier des oiseaux.
>   Planté à la garenne de La Perthe.
>   Subspontané dans quelques bois à Méry.

CERASUS MAHALEB L. — Cerisier Mahaleb.
>   Planté à la garenne de La Perthe.

23. **Rosacées** (Jussieu).

SPIRÆA ULMARIA L. — Spirée ulmaire.
>   C. C. — Bois humides, prairies.

GEUM URBANUM L. — Benoite commune.
>   C. C. — Bois, haies.

RUBUS CÆSIUS L. — Ronce bleuâtre.
>   C. C. — Haies, buissons, bords des champs.

RUBUS FRUTICOSUS L. — Ronce frutescente.
>   Var. α. Discolor (Weihe et Nees.).
>   β. Corylifolius (Sm.).
>   A. R. — Mais abondant dans les haies de Droupt-Sainte-
>   Marie, Les Petites-Chapelles, Boulages, Saint-Oulph.
>   Nous n'avons pas cherché à distinguer les nombreuses
>   formes de ces deux plantes élevées au rang d'espèce.

FRAGARIA VESCA L. — Fraisier commun.
>   C. C. — Bois, pelouses.

POTENTILLA ANSERINA L. — Potentille ansérine.
>   C. C. C. — Bords des chemins humides, cours des habita-
>   tions.

POTENTILLA REPTANS L. — Potentille rampante.

C. C. C. — Bords des chemins, fossés herbeux.

POTENTILLA TORMENTILLA (Sibthorp.). — Tormentille droite.

Syn. : Torment. erecta L.

R. — Marais tourbeux de Droupt-Sainte-Marie, Boulages.

POTENTILLA VERNA L. — Potentille du printemps.

C. C. — Pelouses sèches, coteaux.

AGRIMONIA EUPATORIUM L. — Aigremoine Eupatoire.

C. C. — Bords des fossés, bois, prairies.

ROSA PINPINELLIFOLIA L. — Rosier à feuilles de pimprenelle.

A. C. — Bois, garennes, Méry, Droupt-Saint-Bâle, La
Perthe.

ROSA CANINA L. — Rosier de chien.

Var. α. Rosa canina (Smith).
β. R. dumetorum (Thuillier).
γ. R. sepium (Thuillier).

Les variétés α et β sont très-communes; la variété γ est plus
rare.

ROSA RUBIGINOSA L. — Rosier rouillé.

R. — Garennes de Droupt-Saint-Bâle, Grandes et Petites-
Chapelles.

Cette espèce est pourvue d'une odeur assez marquée de
pomme de reinette.

24. **Pomacées** (Lindley).

CRATÆGUS OXYACANTHA L. — Aubépine commune.

Var. α. Cratægus geuina (Godron). — Mespilus oxyacan-
thoïdes (Thuill.).
Var. β. Crat. monostyla (D. C.). — Mespilus oxyacantha
(Scopoli).

C. C. — Haies, taillis.

La variété β est plus commune que l'autre; les caractères
tirés de la forme des feuilles, du nombre des styles, ne
sont point toujours constants, aussi vaut-il mieux ne les
regarder que comme deux formes rentrant dans un
même type, le Cratægus oxycantha L.

25. **Onagrariées** (Jussieu).

EPILOBIUM HIRSUTUM L. — Epilobe velu.
>C. C. — Bords des rivières, fossés humides des bois.

EPILOBIUM PARVIFLORUM (Schriber).
>Syn. : Epil. molle (Lamarck).
>C. C. — Bords des rivières, bois humides.

EPILOBIUM MONTANUM L. — Epilobe de montagne.
>A. R. — Bois humides, Méry.

EPILOBIUM TETRAGONUM L. — Epilobe tétragone.
>A. C. — Bois humides, Méry, Saint-Oulph, Droupt-Sainte-Marie.

26. **Haloragées** (R. Br.).

MYRIOPHYLLUM VERTICILATUM L. — Myriophylle verticille.
>Var. α. M. verticillatum.
>   β. M. pectinatum (D. C.).
>C. — Fossés, mares.

MYRIOPHYLLUM SPICATUM L. — Myriophylle en épi.
>A. C. — Mares tourbeuses, Châtres, etc.

27. **Hippuridées** (Link.).

HIPPURIS VULGARIS L. — Pesse commune.
>A. C. — Vases des rivières, des fossés, Méry, Droupt-Sainte-Marie, Saint-Oulph, Viâpres-le-Grand, Châtres.
>Var. H. Fluviatilis (Hoffmann).
>R. — Fossés inondés, Saint-Oulph.

28. **Callitrichinées** (Linh.).

CALLITRICHE STAGNALIS (Scop.). — Callitriche aquatique.
>C. C. — Mares, ruisseaux.

CALLITRICHE PLATYCARPA (Kutzing). — Callitriche à large fruit.
>C. C. — Mêmes lieux.

CALLITRICHE VERNALIS (Kutzing). — Callitriche du printemps.

C. C. — Mêmes lieux.

29. Cératophyllées (Gray).

CERATOPHYLLUM DEMERSUM L. — Cératophylle nageant.

R. — Eaux stagnantes, Saint-Oulph.

30. Lythrariées (Jussieu).

LYTHRUM SALICARIA L. — Salicaire commune.

C. C. — Bords des rivières, fossés.

LYTHRUM HYSSOPIFOLIUM L. — Salicaire à feuilles d'Hysope.

R. — Mais abondant à Méry, lieu dit les Armances.
Nous n'avons pas encore rencontré le Peplis portula L. qui
est très-abondant dans les allées humides du parc de
Pont-sur-Seine.

31. Cucurbitacées (Jussieu).

BRYONIA DIOICA (Jacquin). — Bryone dioïque.

C. C. — Haies, bois, jardins.

32. Portulacées (Jussieu).

PORTULACA OLERACEA L. — Pourpier cultivé.

R. — Allées des jardins, décombres.

33. Paronychiées (A. de St-Hil.).

HERNIARIA GLABRA L. — Herniaire glabre.

A. C. — Champs arides, bords des routes, Méry, Saint-
Oulph, Droupt-Sainte-Marie, etc.

34. Crassulacées (D. C.).

SEDUM PURPURASCENS (Koch). — Orpin reprise.

Syn. : Sed. telephium B., S. purpurareum L.
R. — Bois ombragés, Méry.

SEDUM ALBUM L. — Orpin blanc.

A. C. — Pelouses sèches, Méry, Droupt-Sainte-Marie.

SEDUM ACRE L. — Orpin âcre.

> C. C. — Champs arides, murs, toits de chaume.

SEDUM SEXANGULARE (D. C.) non L. — Orpin de Boulogne.

> Syn. : Sedum boloniense (Lois.).
> R. R. — Pelouses sèches, Méry.

SEMPERVIVUM TECTORUM L. — Joubarbe des toits.

> R. — Murs recouverts en terre, toits de chaume, Méry.

35. **Grossulariées** (D. C.).

RIBES GROSSULARIA L. — Groseillier épineux.

> R. — Sur le terreau formé dans le creux des saules étêtés, Méry.

RIBES RUBRUM L. — Groseillier rouge.

> A. C. — Bois humides, garennes, Méry, La Perthe.

36. **Saxifragées** (Ventenat).

SAXIFRAGA TRIDACTYLITES L. — Saxifrage tridactyle.

> C. C. — Champs, murs recouverts de terre.

37. **Ombellifères** (Jussieu).

HYDROCOTYLE VULGARIS L. — Hydrocotyle vulgaire.

> A. R. — Marais tourbeux, Droupt-Sainte-Marie, Châtres, Vallant, à l'étang de Bury.

ERYNGIUM CAMPESTRE L. — Panicaut champêtre.

> C. C — Bords des chemins, champs secs.

AMMI MAJUS L. — Ammi majeur.

> R. R. — Abondant dans la haie d'un jardin à Méry.

PETROSELINUM SATIVUM (Hoffmann). — Persil cultivé.

> Syn. : Apium petroselinum L.
> R. — Subspontané, champs et voisinage des jardins.

HELOSCIADIUM NODIFLORUM (Koch.). — Hélosciadie nodiflore.

> Syn. : Sium nodiflorum L.
> C. C. — Fossés humides, bords des rivières.

HELOSCIADIUM REPENS (Koch.). — Hélosciadie rampante.

> Syn. : Sium repens (Jacquin).

R. — Mais abondant dans les fossés qui bordent la route de Châtres.

PIMPINELLA MAGNA L. — Boucage à grandes fleurs.

C. — Bois, bords des fossés.

PIMPINELLA SAXIFRAGA L. — Boucage saxifrage.

C. C. C. — Pelouses sèches, bords des chemins.

SIUM LATIFOLIUM L. — Berle à larges feuilles.

A. C. — Fossés humides, Méry, Droupt-Sainte-Marie, Châtres, Viâpres-le-Petit.

BUPLEVRUM FALCATUM L. — Buplèvre en faux.

C. C. C. — Pelouses sèches.

BUPLEVRUM ROTUNDIFOLIUM L. — Buplèvre à feuilles rondes.

R. R. R. — Trouvé une seule fois dans un jardin de Méry.

OENANTHE FISTULOSA L. — OEnanthe fistuleuse.

C. — Fossés humides, lieux inondés.

OENANTHE LACHENALII (Gmelin). — OEnanthe de La Chenal.

Syn. : OEn. approximata (Mérat).
    OEn. pimpinelloïdes (Thuillier) non L.

C. — Prairies humides.

OENANTHE PEUCEDANIFOLIA (Pollich.). — OEnanthe à feuilles de peucedan.

A. R. — Prairies humides, Saint-Oulph, Droupt-Sainte-Marie.

OENANTHE PHELLANDRIUM (Lam.). — OEnanthe phellandre.

Syn. : Phellandrium aquaticum L.

C. — Fossés inondés, marais.

OETHUSA CYNAPIUM L. — Ethuse petite ciguë.

Var. α. OEth. campestris (God.).
    β. OEth. sylvestris (God.).

C. C. — Champs, jardins, haies.

SESELI MONTANUM L. — Séséli des montagnes.

C. — Pelouses sèches.

SILAUS PRATENSIS (Besser). — Silaüs des prés.

Syn. : Peucedanum sylaus L.
C. C. — Prairies sèches et humides.

Angelica sylvestris L. — Angélique sauvage.

    Syn. : Imperatoria sylvestris (D. C.).
         Selinum sylvestre (Cranty).
    C. C. — Bords des eaux, bois humides.
    Le Peucedanum oreosilinum (Mœnch.) se rencontre près des limites de notre canton, dans le bois de Pont-sur-Seine.

Fœniculum officinale (All.). — Fenouil officinale.

    Syn. : Anethum fœniculum L.
    C. C. — Subspontané, autour des habitations, Méry, Châtres (Champigny, canton d'Arcis).

Pastinaca sativa L. — Panais cultivé.

    C. C. — Champs arides, pelouses sèches.

Heracleum spondylium L. — Berce branc-ursine.

    C. C. C. — Prés, bois.

Orlaya grandiflora (Hoffmann). — Orlaye à grandes fleurs.

    Syn. : Caucalis grandiflora L.
    R. — Champs arides, Les Grandes-Chapelles.

Daucus carota L. — Carotte commune.

    C. C. C. — Partout.

Caucalis daucoïdes L. — Caucalide à feuilles de carotte.

    R. — Champs, moissons, Méry.

Torilis anthriscus (Gœrtner). — Torilide anthrisque.

    Syn. : Tordylium anthriscus L.
    C. C. — Haies, buissons.

Torilis helvetica (Gmelin). — Torilide de Suisse.

    Syn. : Scandix infesta L.
         Caucalis arvensis (Huds.).
    C. C. — Champs, moissons.

Scandix pecten-Veneris L. — Scandix peigne de Vénus.

    C. C. C. — Moissons.

Chœrophyllum temulum L. — Cerfeuil enivrant.

    A. C. — Haies, buissons.

Conium maculatum L. — Ciguë maculée.

    Syn. : Cicuta major (Lam.).
    C. C. — Haies, jardins, décombres.

38. Araliacées (Jussieu).

HEDERA HELIX L. — Lierre grimpant.
C. C. C. — Bois, murailles, arbres.

39. Cornées (D. C.).

CORNUS SANGUINEA L. — Cornouiller sanguin.
C. C. — Bois, haies.

CORNUS MAS L. — Cornouiller mâle.
C. — Dans les jardins, Saint-Lyé, Savières, Saint-Mesmin.

40. Loranthées (Don.).

VISCUM ALBUM L. — Gui blanc.
C. C. — Sur les peupliers, les pommiers, l'aubépine, Méry,
Saint-Oulph, Etrelles, Droupt-Sainte-Marie.

41. Caprifoliacées (Rich.).

SAMBUCUS EBULUS L. — Sureau yèble.
A. C. — Bords des chemins, Châtres, Droupt-Saint-Bâle,
château du Ruez.

SAMBUCUS NIGRA L. — Sureau noir.
C. C. — Haies.

VIBURNUM LANTANA L. — Viorne lantane.
C. — Garennes, bois.

VIBURNUM OPULUS L. — Viorne obier.
C. C. — Bois.

LONICERA PERICLYMENUM L. — Chèvrefeuille des bois.
C. — Bois, Mesgrigny, Méry.

LONICERA XYLOSTEUM L. — Chèvrefeuille des buissons.
R. — Abondant à la garenne de La Perthe.

42. Rubiacées (Jussieu). — Stellatées (L.).

RUBIA TINCTORUM L. — Garance des teinturiers.
R. — Haies et champs de Saint-Oulph, château des Rhuez.

SHERARDIA ARVENSIS L. — Shérardie des champs.
C. C. — Champs, moissons.

ASPERULA ARVENSIS L. — Aspérule des champs.

 R. — Champs des Grandes et des Petites-Chapelles.

ASPERULA CYNANCHICA L. — Aspérule à l'esquinancie.

 C. C. — Pelouses sèches, crayères.

GALIUM CRUCIATUM (Scopoli). — Gaillet croisette.

 Syn. : Valentia cruciata L.

 C. C. C. — Bords des bois, prairies.

GALIUM TRICORNE (Withering). — Gaillet à trois cornes.

 C. — Moissons, champs en friches, Méry, etc.

GALIUM APARINE L. — Gaillet grateron.

 C. C. — Haies, buissons.

GALIUM ULIGINOSUM L. — Gaillet fangeux.

 A. R. — Marais tourbeux, Droupt-Sainte-Marie, Châtres.

GALIUM PARISIENSE L. — Gaillet parisien.

 Syn. : Galium anglicum (Huds.).

 C. C. — Champs, prairies artificielles.

GALIUM PALUSTRE L. — Gaillet des marais.

 Var. α. Gal. palustre (Gr. et God.).

  β. Gal. elongatum (Prest.).

 C. C. — Prairies, marais tourbeux.

GALIUM VERUM L. — Gaillet caille-lait.

 C. C. C. — Prairies, bois, friches.

GALIUM MOLLUGO L. — Gaillet mollugine.

 Var. α. Galium elatum (Thuillier).

  β. Gal. erectum (Hudson).

 C. C. C. — Prairies, pelouses, bords des champs.

GALIUM SYLVESTRE (Pollich.). — Gaillet sylvestre.

 Var. α. Galium læve (Thuillier).

  β. Galium Bocconi (All.).

 Syn. : Galium nitidulum (Thuillier).

 R. — Mais abondant sur les friches des Grandes et des Petites-Chapelles.

43. **Valérianées** (D. C.).

VALERIANA OFFICINALIS L. — Valériane officinale.

 C. C. C. — Bois humides, prairies.

Valeriana dioica L. — Valériane dioïque.

    R. — Marais tourbeux, Châtres, Droupt-Sainte-Marie.

Valerianella olitoria (Pollich.). — Valérianelle potagère.

    Syn. : Valeriana locusta (L).
    C. C. C. — Lieux cultivés.

Valerianella Morisonii (D. C.). — Valérianelle de Morison

    Syn. : Valerianella dentata (Koch. et Ziz.).
    Var. β. Pubescens, valerianella mixta (Dufr.).
    A. C. — Champs cultivés, Méry, etc.

Valerianella coronata (D. C.). — Valérianelle couronné.

    Syn. : Valeriana locusta γ coronata L.
    R. R. R. — Trouvé un seul échantillon dans les champs du
        Haut-de-Chaumont, près Vallant (août 1873).

44. Dipsacées (D. C.).

Dipsacus sylvestris (Miller). — Cardère sauvage.

    Syn. : Dips. fullonum L.
    C. C. — Bords des bois, des chemins.

Knautia arvensis (Coulter). — Knautie des champs.

    Syn. : Scabiosa arvensis L.
    C. C. — Champs, pelouses.

Succisa pratensis (Mœnch.). — Scabieuse des prés.

    Syn. : Scabiosa succisa L.
    C. C. — Prés, marais.

Scabiosa columbaria L. — Scabieuse colombaire.

    C. C. — Champs secs, pelouses arides.

45. Composées (Adanson).

Eupatorium cannabinum L. — Eupatoire chanvrine.

    C. C. — Bords de l'eau, fossés humides.

Tussilago farfara L. — Tussilage pas-d'âne.

    C. C. C. — Champs humides.

Petasites officinalis (Mœnch.). — Pétasite officinal.

    Syn. : Tussilago petasites L.
    A. R. — Fossés humides, Droupt-Sainte-Marie, Méry.

BELLIS PERENNIS L. — Paquerette vivace.
C. C. C. — Bords des chemins.

ERIGERON CANADENSE L. — Vergerette du Canada.
A. R. — Décombres, lieux arides, Méry, Grandes et Petites-Chapelles.

ERIGERON ACRE L. — Vergerette âcre.
C. — Champs secs.

SOLIDAGO CANADENSIS L. — Solidage du Canada.
Abonde à l'état subspontané dans certains bois de Méry.

INULA SALICINA L. — Inule à feuilles de saule.
C. C. — Prés secs, bois.

INULA CONYZA (D. C.). — Inule conyse.
Syn. : Conyza squarrosa L.
C. — Bois secs, garennes.

INULA BRITANNICA L. — Inule britannique.
A. R. — Prairies humides, Méry, Châtres, Droupt-Sainte-Marie.

PULICARIA DYSSENTERICA (Gœrtner). — Pulicaire dissentérique.
Syn. : Inula dyssenterica L.
C. C. — Prés humides, bords des eaux.

BIDENS TRIPARTITA L. — Bident tripartite.
Var. α. Genuina (God.).
    β. Integrata (God.).
C. C. C. — Fossés humides, marais, mares.

FILAGO JUSSIŒI (Coss. et Germ.). — Cotonnière de Jussieu.
Syn. : Filago spatulata (Presl.).
C. C. — Champs secs, bords des chemins.

FILAGO GERMANICA L. — Cotonnière d'Allemagne.
C. C. — Mêmes lieux que le précédent.

GNAPHALIUM ULIGINOSUM L. — Gnaphale des lieux humides.
C. C. — Lieux inondés l'hiver, cours humides, ornières des bois.

ARTEMISIA VULGARIS L. — Armoise vulgaire.
C. C. — Lieux stériles, décombres.

Tanacetum vulgare L. — Tanaisie vulgaire.

R. — Bords des rivières, prés, Méry, Saint-Oulph.

Achillea ptarmica L. — Achillée ptarmique.

C. C. — Prairies sèches ou humides.

Achillea millefolium L. — Achillée mille feuilles.

Var. Floribus roseis.

C. C. C. — Bords des champs, chemins.

Anthemis cotula L. — Anthémide cotule.

R. — Rues, décombres, Méry.

Ormenis nobilis (J. Gay). — Ormenide noble.

Syn. : Anthemis nobilis L.

A. C. — Friches, bords des chemins, Méry, Droupt-Saint-Bâle.

Matricaria chamomilla L. — Matricaire camomille.

C. C. — Champs secs, moissons.

Matricaria inodora L. — Matricaire inodore.

C. C. — Moissons.

Chrysanthemum leucanthemum L. — Pyrèthre leucanthème.

Syn. : Leucanthemum vulgare (Lam.).

C. C. — Prés, bois.

Chrysanthemum corymbosum L. — Pyrèthre en corymbe.

A. R. — Commun à la garenne de La Perthe, près Plancy.

Cette plante, de la région montagneuse, est-elle réellement spontanée dans les bois de la plaine comme à La Perthe? Dans la Marne elle ne s'y rencontre qu'au-dessus de la zône des vignes parmi les pierres.

Senecio vulgaris L. — Seneçon commun.

C. C. C. — Partout.

Senecio erucifolius L. — Seneçon à feuilles de Roquette.

C. — Prés et bois secs, lieux sablonneux.

Senecio Jacobæa L. — Seneçon Jacobée.

C. C. C. — Prairies, bois, bords des eaux.

Senecio aquaticus (Hudson). — Seneçon aquatique.

Var. β. Senecio erraticus (Bert.).

A. C. — Prairies humides, marais.

CALENDULA ARVENSIS L. — Souci des champs.

    R. R. — Vignes à Premierfait.

CIRSIUM LANCEOLATUM (Scopoli). — Cirse lancéolé.

    Syn. : Carduus lanceolatus L.
    C. C. — Bords des chemins.

CIRSIUM PALUSTRE (Scopoli). — Cirse des marais.

    Syn. : Carduus palustris L.
    C. — Prairies humides, marais.

CIRSIUM ANGLICUM (Lam.). — Cirse d'Angleterre.

    Syn. : Carduus anglicus L.
    C. — Prairies tourbeuses, marais.

CIRSIUM BULBOSUM (D. C.). — Cirse bulbeux.

    A. C. — Marais tourbeux, prairies humides, Méry, Droupt-
    Sainte-Marie, Châtres, Viâpres-le-Petit.
    Cette plante, rare dans la Marne et dans le rayon de la
    flore parisienne, est plus commune que la précédente
    chez nous.

CIRSIUM ACAULE L. — Cirse acaule.

    Syn. : Carduus acaulis L.
    Var. α. Genuinus.
       β. Caulescens.
    C. C. — Friches, pelouses sèches.

CIRSIUM ARVENSE (Scopoli). — Cirse des champs.

    Syn. : Serratula arvensis L.
    C. C. C. — Champs, moissons, prés, bois.

CARDUUS CRISPUS L. — Chardon crépu.

    C. C. — Lieux incultes, bords des routes.

CARDUUS NUTANS L. — Chardon penché.

    C. — Champs, bords des chemins.

ONOPORDON ACANTHIUM L. — Onopordon à feuilles d'acanthe.

    C. — Bords des chemins, lieux incultes.

LAPPA MINOR (D. C.). — Petite Bardane.

    Syn. : Arctium lappa L.
    C. C. C. — Bords des routes, Méry, lieux incultes.

Lappa major (D. C.). — Bardane officinale.
>   Syn. : Arctium lappa (Wild.).
>   R. — Bords des bois, Méry.

Carlina vulgaris L. — Carline commune.
>   C. C. — Champs et lieux incultes.

Kentrophyllum lanatum (D. C.). — Chardon laineux.
>   Syn. : Carthamus lanatus L.
>   R. R. — Bords des champs, Droupt-Saint-Bâle.

Centaurea calcitrapa L. — Centaurée chaussetrape.
>   C. C. C. — Bords des chemins, décombres.

Centaurea cyanus L. — Centaurée bluet.
>   C. C. C. — Moissons.

Centaurea scabiosa L. — Centaurée scabieuse.
>   C. C. — Moissons, champs secs, friches.

Centaurea jacea L. — Centaurée jacée.
>   Var. α. Jacea (centaurea jacea) L.
>   β. Serotina (centaurea serotina) (Boreau).
>   γ. Decipiens (Thuill.). C. Nigrescens (Wild.).
>   C. C. — Prairies, bois, lieux incultes.

Lampsana communis L. — Lampsane commune.
>   C. C. — Champs, lieux cultivés.

Cichorium intybus R. — Chicorée sauvage.
>   C. C. C. — Bords des chemins, lieux incultes.

Thrincia hirta (Roth.). — Thrincie hérissée.
>   Syn. : Leontodon hirtus L.
>   Var. α. Genuina (God.).
>   β. Hispida (God.) non Roth.
>   C. C. C. — Bords des chemins, champs, prés.

Leontodon autumnalis L. — Liondent d'automne.
>   C. C. C. — Pelouses, friches, prairies.

Leontodon hastilis L. — Liondent hastile.
>   Var. α. Genuina (Leontodon hispidus) L.
>   C. — Champs secs, prairies, pelouses.

Picris hieracioïdes L. — Picride fausse épervière.
>   C. C. — Champs, bois.

Var. α. Humilis (God.).
Coteaux secs et stériles.

TRAGOPOGON PRATENSIS L. — Salsifis des prés.
C. C. — Prairies.

TRAGOPOGON ORIENTALIS L. — Salsifis orientale.
C. — Prairies.

TARAXACUM OFFICINALE (Wigg.). — Pissenlit officinal.
Var. α. Densleonis L.
    β. Lœvigatum (D. C.).
S.-var. Erythrospermum (Andrz.).
Var. γ. Palustre (D. C.).
C. C. — Champs, lieux cultivés; la var. β, le long des chemins, la var. γ dans les prés humides de Châtres.

LACTUCA VIROSA L. — Laitue vireuse.
C. — Champs secs, haies.

LACTUCA SCARIOLA L. — Laitue scariole.
Syn. : Lactuca sylvestris (D. C.).
C. — Mêmes lieux que la précédente.

LACTUCA SALIGNA L. — Laitue à feuilles de saule.
A. R. — Champs, Méry, les Grandes-Chapelles.

LACTUCA PERENNIS L. — Laitue vivace.
C. C. — Moissons.

SONCHUS OLERACEUS L. — Laitron maraîcher.
Var. α. Integrifolius (Walroth).
    β. Runcinatus (Koch).
    γ. Lacerus (Walroth).
C. C. — Lieux cultivés.

SONCHUS ASPER L. — Laitron âpre.
C. — Se rencontre souvent mêlé au précédent; il présente aussi plusieurs formes dans la feuille.

SONCHUS ARVENSIS L. — Laitron des champs.
C. C. — Champs, bois, prairies.
Sur le bord des eaux, ce Sonchus atteint plus de deux mètres de hauteur.

BARKHAUSIA FŒTIDA (D. C.). — Barkhausie fétide.
Syn. : Crepis fœtida L.

C. C. C. — Champs secs, bords des chemins.

BARKHAUSIA TARAXACIFOLIA (D. C.). — Barkhausie à feuilles de pissenlit.

Syn. : Crepis taraxacifolia (Thuill.).
R. — Champs secs, Méry, Droupt-Saint-Bâle.

BARKHAUSIA SETOSA (D. C.). — Barkhausie hérissée.

Syn. : Crepis setosa (Haller fils).
Trouvé une seule fois un seul pied dans une luzerne à Méry (août 1873).

CREPIS BIENNIS L. — Crépide bisannuelle.

A. C. — Prairies humides, Méry, Saint-Oulph, Droupt-Sainte-Marie.

CREPIS VIRENS (Villars). — Crépide verdoyante.

Syn. : Crepis polymorpha (Walroth).
Var. α. Vivens.
    β. Diffusa (Crepis diffusa) (D. C.).
C. C. C. — Partout.

HIERACIUM PILOSELLA L. — Epervière piloselle.

C. C. C. — Champs très-arides, pelouses, friches.

HIERACIUM UMBELLATUM L. — Epervière en ombelle.

A. R. — Pelouses, friches, Vallant, Méry, Grandes-Chapelles, Boulages.
Un Hieracium peu développé, trouvé aux Grandes-Chapelles et soumis à M. Des Etangs, lui paraît être le Hieracium vendœanum (Boreau), mais il n'en a pas la certitude.

46. Campanulacées (Jussieu).

JASIONE MONTANA L. — Jasione de montagne.

R. R. R. — Droupt-Saint-Bâle. Cette plante n'a pas été revue depuis plus de dix ans; elle avait été trouvée par Mlle de Saint-Mauris.

CAMPANULA ROTUNDIFOLIA L. — Campanule à feuilles rondes.

C. C. — Pelouses, bords des chemins, tertres.

CAMPANULA RAPUNCULOÏDES L. — Campanule fausse-raiponce.

R. — Abondant à Méry, dans quelques champs.

CAMPANULA ROTUNDIFOLIA L. — Campanule à feuilles rondes.
    Syn. : Campanula urticifolia (Schmidt).
    R. — Garenne de La Perthe.

CAMPANULA GLOMERATA L. — Campanule agglomérée.
    S.-var. Pumila (Coss. et Germ.).
    A. C. — Pelouses, friches.

SPECULARIA SPECULUM (Alph. D. C.). — Spéculaire miroir de Vénus.
    Syn. : Campanula speculum veneris L.
        Prismatocarpus speculum (L'Héritier).
    C. — Champs secs, moissons, jardins.

47. Monotropées (Nuttal).

MONOTROPA HYPOPITYS L. — Monotrope sucepin.
    Var. Glabra (Koch.).
    A. C. — Bois de sapins, Vallant, Droupt-Saint-Bâle, les Grandes-Chapelles, les Petites-Chapelles.

48. Oléacées (Lindley).

LIGUSTRUM VULGARE L. — Troëne commun,
    C. C. C. — Haies, bois.

FRAXINUS EXCELSIOR L. — Frêne élevé.
    C. C. — Bois, taillis.

49. Asclepiadées (R. Br.).

CYNANCHUM VINCETOXICUM (R. Br.). — Asclépias dompte-venin.
    Syn. : Asclepias vincetoxium L.
    R. R. — Vallant (Vallières), garenne de La Perthe.

50. Apocynées (R. Br.).

VINCA MINOR L. — Petite pervenche.
    C. C. — Garennes, bois, Droupt-Saint-Bâle.

51. Gentianées (Jussieu).

MENYANTHES TRIFOLIATA L. — Ményanthe trifolié.
    R. R. R. — Prés humides à Droupt-Sainte-Marie, d'où il a disparu depuis plusieurs années.

GENTIANA PNEUMONANTHE L. — Gentiane pneumonanthe.

> A. R. — Prés tourbeux, Méry, Châtres, Saint-Oulph, Droupt-Sainte-Marie.

GENTIANA GERMANICA (Wild.). — Gentiane d'Allemagne.

> R. — Commun sur les friches, Grandes et Petites-Chapelles.

ERYTHRÆA PULCHELLA (Fries). — Erythrée élégante.

> A. C. — Champs inondés, prairies, Méry, Saint-Oulph, Châtres, etc.

52. **Convolvulacées** (Jussieu).

CONVOLVULUS ARVENSIS L. — Liseron des champs.

> C. — Champs.

CALYSTEGIA SEPIUM (R. Br.). — Calystégie des haies.
> Syn. : Convolvulus sepium L.
> C. — Haies, buissons.

CUSCUTA EUROPÆA L. — Cuscute d'Europe.

> Syn. : Cuscuta major (D. C.).
> R. R. — Sur l'ortie dioïque à Boulages (Des Etangs).

CUSCUTA EPITHYMUM L. — Cuscute du Thym.

> Syn. : Cuscuta minor (D. C.).
> C. C. — Sur le Galium mollugo, le Trifolium pratense, le Medicago sativa, etc.
> Nous n'avons pas encore rencontré chez nous la Cuscuta trifolii (Babingt.) que l'on trouvera probablement sur quelques points de notre canton.

53. **Borraginées** (Jussieu).

HELIOTROPIUM EUROPÆUM L. — Héliotrope d'Europe.

> C. — Champs, décombres.

ECHINOSPERMUM LAPPULA (Lehmann). — Echinosperme bardanette.

> R. R. R. — Sur le port du canal à Méry où il est peut-être naturalisé.

CYNOGLOSSUM OFFICINALE L. — Cynoglosse officinale.

> C. C. — Sainte-Syre. — Se trouve quelquefois à Méry dans le voisinage des jardins.

Borrago officinalis L. — Bourrache officinale.
Subspontané, lieux cultivés.

Symphytum officinale L. — Consoude officinale.
C. C. — Prairies humides, bords des eaux.

Echium vulgare L. — Vipérine vulgaire.
C. C. — Lieux secs, décombres.
Var. à fleurs roses.

Lithospermum officinale L. — Grémil officinal.
R. R. — Abondant à la garenne de La Perthe.

Lithospermum arvense L. — Grémil des champs.
C. C. — Champs secs, vieux murs.
On le trouve quelquefois couvert d'un duvet blanc assez
épais.

Myosotis palustris (Witheriq). — Myosotis des marais.
Var. α. Palustris (Auct.).
β. Strigulosa (Rebb.).
C. C. — Bords des eaux, fossés humides.

Myosotis intermedia (Link). — Myosotis intermédiaire.
C. C. — Champs secs, lieux cultivés.

54. **Solanées** (Jussieu).

Solanum nigrum L. — Morelle noire.
A. C. — Jardins, décombres, lieux cultivés.

Solanum dulcamara L. — Morelle douce-amère.
C. C. — Bords des ruisseaux, bois humides.

Hyosciamus niger L. — Jusquiame noire.
A. C. — Décombres, cours de fermes, Méry, Droupt-Sainte-
Marie, Charny, les Grandes-Chapelles, Boulages.

Datura stramonium L.
Subspontané. Décombres, tas de fumier dans les champs.

55. **Verbascées** (Bartling).

Verbascum Schraderi (Meyer). — Molène de Schrader.
Syn. : Verbascum thapsus L.
A. C. — Bords des chemins, jardins.

VERBASCUM THAPSIFORME (Schrader). — Molène faux-bouillon blanc.

> Syn. : Verbascum thapsus (Meyer).
> C. — Mêmes lieux que le précédent.

VERBASCUM FLOCCOSUM (Waldstein et Ritaibel). — Molène floconneux.

> R. — Lieux incultes. Vallant! les Grandes-Chapelles!

VERBASCUM LYCHNITIS L. — Molène lychnite.

> A. C. — Lieux arides, incultes.

VERBASCUM NIGRUM L. — Molène noire.

> A. C. — Pelouses, bords des champs, lieux incultes, Méry, Vallant, Droupt-Saint-Bâle.

VERBASCUM BLATTARIA L. — Molène blattaire.

> C. — Bords des prés, des bois.

56. Scrophularinées (R. Br.).

VERONICA SCUTELLATA L. — Véronique à écussons.

> A. C. — Mares, lieux inondés, Châtres, Saint-Oulph.

VERONICA ANAGALLIS L. — Véronique mouron.

> C. C. — Ruisseaux, fossés, sables de la Seine.

VERONICA BECCABUNGA L. — Veronique beccabonga.

> A. R. — Fossés humides, Méry, Châtres, Droupt-Sainte-Marie.

VERONICA CHAMÆDRYS L. — Véronique petit-chêne.

> C. C. — Bois, prairies.

VERONICA SERPYLLIFOLIA L. — Véronique à feuilles de serpolet.

> R. R. — Champs humides à Méry.

VERONICA ARVENSIS L. — Véronique des champs.

> R. — Champs secs, Méry.

VERONICA PRECOX (Allioni). — Véronique précoce.

> C. C. — Champs, friches.

Veronica agrestis L. — Véronique rustique.

C. C. — Lieux cultivés, jardins.

Veronica didyma (Tenore). — Véronique didyme.

Syn. : Veronica polita (Fries).

C. C. — Avec la précédente.

Veronica hæderafolia L. — Véronique à feuilles de petit-chêne.

C. C. C. — Jardins, champs.

Scrophularia nodosa L. — Scrofulaire noueuse.

C. — Lieux frais, bois humides.

Scrophularia aquatica L. — Scrofulaire aquatique.

C. — Fossés humides, bords des eaux.

Nous n'avons pas dans ce canton la Scrophularia Ehrasti que M. Des Etangs a découvert dans les parties humides de la forêt d'Orient.

Gratiola officinalis L. — Gratiole officinale.

R. R. — Mais des plus abondantes dans les prés de Châtres, Droupt-Sainte-Marie.

Antirrhinum oronthium L. — Muflier rubicond.

A. R. — Champs, vignes, Vallant, les Grandes et les Petites-Chapelles.

Linaria elatine (Miller). — Linaire élatine.

Syn. : Antirrhinum elatine L.

C. — Champs, lieux découverts des bois.

Linaria spuria (Miller). — Linaire bâtarde.

Syn. : Antirrhinum spurium L.

C. C. — Mêmes lieux que pour la précédente.

Linaria minor (Desfontaines). — Linaire mineure.

Syn. : Antirrhinum minus L.

Var. β. Prætermissa (Linaria prætermissa Delastre).

C. — Lieux sablonneux, sables des rivières.

La var. β est aussi commune que le type; elle en diffère par la glabriété complète de toutes ses parties.

Linaria striata (D. C.). — Linaire striée.

Syn. : Antirrhinum monspessulanum L.
Antirrhinum repens L.
C. — Haies, bois, champs arides.
Var. Pallida (Brebisson). — Fleurs blanches, Méry-sur-
Seine.

LINARIA VULGARIS (Milly). — **Linaire commune.**

Syn. : Antirrhinum linaria L.
C. C. — Champs, prés, bois.

LINARIA SUPINA (Desfontaines). — **Linaire couchée.**

Syn. : Antirrhinum supinum L.
A. C. — Champs arides, Méry, Vallant, Grandes et Petites-
Chapelles.

RHINANTHUS MAJOR (Ehr.). — **Rhinanthe majeur.**

Syn. : Rhin. cristagalli L.
Rhin. hirsuta Lam.
C. — Prés humides, pâturages.

RHINANTHUS MINOR (Ehr.). — **Rhinanthe mineur.**

Syn. : Rhin. crista-galli (var. α) L.
Rhin. glabra (Lam.).
C. — Pâturages, lieux herbeux humides.

MELAMPYRUM ARVENSE L. — **Mélampyre des champs.**

C. C. — Champs, moissons.
Variété à fleurs complétement blanches.

EUPHRASIA OFFICINALIS L. — **Euphraise officinale.**

Var. α. Genuina.
β. Nemorosa (Pers.).
C. — Friches, prairies, bords des routes.

ODONTITES RUBRA (Pers.). — **Odontités rouge.**

Syn. : Euphrasia odontites L.
Var. α. Verna (Rehb.).
β. Serotina (Rehb.).
C. C. — Lieux incultes, champs secs, chemins.

57. Orobanchées (Jussieu).

PHELIPÆA RAMOSA (C.-A. Meyer). — **Phélipée rameuse.**

Syn. : Orobranche ramosa L.
R. R. — Champs de chanvre à Viâpres-le-Petit, Boulages?

OROBANCHE EPITHYMUM L. — Orobanche du Thym.

C. — Champs secs, pelouses, friches.

OROBANCHE GALII (Vaucher).

R. R. — Sur le Galium verum à Vallant.

OROBANCHE MAJOR L. — Orobanche majeure.

R. R. — Sur la Centaurea scabiosa à Vallant-Petit-Saint-Georges (vignes), aux Grandes-Chapelles.

58. Labiées (Jussieu).

MENTHA ROTUNDIFOLIA L. — Menthe à feuilles rondes.

C. — Bords des routes, fossés humides.

MENTHA VIRIDIS L. — Menthe verte.

Naturalisé dans quelques haies à Méry, Grandes-Chapelles.

MENTHA AQUATICA L. — Menthe aquatique.

C. C. — Bords des eaux, fossés humides.

MENTHA SATIVA L. — Menthe cultivée.

C. — Bords des eaux, prairies.

MENTHA ARVENSIS L. — Menthe des champs.

C. — Prairies, champs humides.

PULEGIUM VULGARE (Miller). — Menthe pouliot.

Syn. : Mentha pulegium L.

A. R. — Lieux humides, Méry, Saint-Oulph.

LYCOPUS EUROPÆUS L. — Lycope d'Europe.

C. C. — Bords des eaux.

SALVIA PRATENSIS L. — Sauge des prés.

C. — Prés secs, pelouses.

ORIGANUM VULGARE L. — Origan commun.

C. C. — Bords des chemins, rampes du canal de la Haute-Seine.

THYMUS SERPYLLUM L. — Thym serpolet.

Var. α. Thymus pulegium (Fries).
Thymus chamædrys (Fries).

C. C. — Pelouses, friches, bords des chemins.

CALAMINTHA ACINOS (Clairville). — Calament acinos.

Syn. : Thymus acinos L.

C. — Champs cultivés.

CLINOPODIUM VULGARE L. — Clinopode commun.

R. — Garennes de Droupt-Saint-Bâle.

GLECHOMA HEDERACEA L. — Gléchome lierre terrestre.

C. C. C. — Bois frais, vergers.

LAMIUM AMPLEXICAULE L. — Lamier amplexicaule.

A. C. — Décombres, vieux murs, jardins.

LAMIUM PURPUREUM L. — Lamier pourpre.

C. — Jardins, champs.

LAMIUM ALBUM L. — Lamier blanc.

C. C. — Décombres, haies, lieux cultivés.

GALEOPSIS LADANUM L. — Galeopsis ladanum.

C. C. — Champs, moissons, pelouses.

GALEOPSIS TETRAHIT L. — Galeopsis tetrahit.

C. C. — Bois frais, haies.

STACHYS GERMANICA L. — Epiaire d'Allemagne.

A. R. — Bords des chemins, Méry, Droupt-Sainte-Marie, Savières, Grandes-Chapelles.

STACHYS SYLVATICA L. — Epiaire des bois.

C. — Bois, haies.

STACHYS PALUSTRIS L. — Epiaire des marais.

C. — Bords des eaux, marais.

STACHYS ANNUA L. — Epiaire annuelle.

C. — Champs des terres fortes, jardins.

STACHYS RECTA L. — Epiaire droite.

C. — Pelouses arides, friches, bords des champs.

BETONICA OFFICINALIS L. — Bétoine officinale.

R. R. — Garenne de La Perthe.

MARRUBIUM VULGARE L. — Marrube commun.

A. R. — Bords des routes, Méry, La Belle-Etoile, Sainte-Syre, Grandes-Chapelles, Abbaye-sous-Plancy, Viâpres-le-Petit.

BALLOTA NIGRA L. — Ballote noire.

Var. Fœtida (Koch).
C. C. — Haies, décombres, rues des villages.

SCUTELLARIA GALERICULATA L. — Scutellaire toque.
C. — Prairies humides, bords des eaux.

BRUNELLA VULGARIS L. — Brunelle commune.
C. C. C. — Bords des bois, prairies.

BRUNELLA GRANDIFLORA (Jacquin). — Brunelle à grandes fleurs.
A. C. — Friches, pelouses sèches.

AJUGA REPTANS L. — Bugle rampant.
C. C. C. — Prés, fossés des bois, bords des chemins.

AJUGA GENEVENSIS L. — Bugle de Genève.
R. — Garennes de La Perthe et de Droupt-Saint-Bâle.

AJUGA CHAMÆPITYS (Schiber). — Bugle petit-pin.
Syn. : Teucrium chamæpitys L.
C. — Champs, prairies artificielles.

TEUCRIUM BOTRYS L. — Germandrée botride.
C. C. — Champs.

TEUCRIUM SCORDIUM L. — Germandrée scordium.
A. C. — Prairies humides, marais tourbeux, Châtres.

TEUCRIUM CHAMÆDRYS L. — Germandrée petit-chêne.
A. R. — Garennes, pelouses sèches, La Perthe, Droupt-Saint-Bâle, Les Grandes et Petites-Chapelles.

TEUCRIUM MONTANUM L. — Germandrée de montagne.
A. R. — Pelouses sèches, Méry, Vallant, Droupt-Saint-Bâle, Les Grandes-Chapelles, Chapelles-Vallon.

59. Verbenacées (Jussieu).

VERBENA OFFICINALIS L. — Verveine officinale.
C. C. C. — Chemins, cours des habitations.

60. Lentibulariées (Rich.).

UTRICULARIA NEGLECTA (Lehm.). — Utriculaire délaissée.
Fontaine Saint-Thibault, près Mesgrigny, Châtres, trous à grèves.

61. **Primulacées** (Ventenat).

Lysimachia vulgaris L. — Lysimaque vulgaire.

C. — Bords des eaux, fossés humides.

Lysimachia nummularia L. — Lysimaque nummulaire.

C. C. — Bords des fossés, bois humides.
Les fruits de cette plante arrivent rarement à maturité.

Anagallis arvensis L. — Mouron des champs.

Var. α. Anag. phœnicea (Lam.).
β. Anag. cærulea (Schreb.).
C. C. — Lieux cultivés.
La variété α est plus commune que l'autre.

Androsace maxima L. — Androsace à grandes fleurs.

R. R. — Champs secs, vignes.
Très-rare à Méry et à Droupt-Sainte-Marie, assez abondant
dans les vignes du haut de Chaumont près Vallant.

Primula officinalis (Jacquin). — Primevère officinale.

Syn. : Primula veris. α Officinalis L.
C. C. C. — Bois, prés.

Samolus Valerandi L. — Samole de Valerand.

A. C. — Marais, Méry, Châtres, Droupt-Saint-Bâle (Les
Ruez), Rhèges, Boulages.

62. **Plantaginées** (Jussieu).

Plantago major L. — Plantain à larges feuilles.

Var. α. Plantago intermedia (Gilibert).
β. Plantago minima (D. C.).
C. C. C. — Bords des chemins, prairies.
La var. α dans les endroits sablonneux, arides.

Plantago media L. — Plantain moyen.

C. C. C. — Avec le précédent.

Plantago lanceolata L. — Plantain lancéolé.

C. C. C. — Partout.
Nous rapportons avec doute une forme à long épi au *Plantago timbali* (Jordan), n'ayant pas eu de type pour com-
parer.

63. **Amaranthacées** (Jussieu).

AMARANTHUS RETROFLEXUS L. — Amaranthe réfléchie.
R. R. — Décombres, Méry.

AMARANTHUS BLITUM L. — Amaranthe blite.
Syn. : Am. sylvestris (Desf.).
R. — Jardins, décombres, Méry.

EUXOLUS VIRIDIS (Moq. Tandon). — Euxole vert.
Syn. : Amaranth. viridis L.
R. — Lieux cultivés, murs à Méry.

64. **Salsolées** L. — **Chenopodées** (Ventenat).

CHENOPODIUM MURALE L. — Ansérine des murs.
C. C. C. — Lieux cultivés, décombres.

CHENOPODIUM ALBUM L. — Ansérine blanche.
Syn. : Chenop. leiospermum (D. C.).
Var. α. Album (Godron).
β. Viridescens (Moq. Tandon).
γ. Concatenatum (Thuillier). Chenop. viride (L.).
C. C. — Murs, jardins, champs.

CHENOPODIUM POLYSPERMUM L. — Ansérine polysperme.
Var. α. Spicatum (Moq. Tand.).
C. C. — Lieux sablonneux, couches de jardins.

CHENOPODIUM VULVARIA L. — Ansérine vulvaire.
C. C. C. — Cultures, jardins, décombres.

BLITUM BONUS-HENRICUS (Meyer). — Chenopode bon-Henri.
Syn. : Chenop. bonus-Henricus L.
R. R. R. — Dans une rue de Droupt-Sainte-Marie, en descendant le pont du canal.

BLITUM RUBRUM (Rehb.). — Blite rouge.
Syn. : Chenopodium rubrum L.
C. — Lieux humides, plantations des bois.

ATRIPLEX PATULA L. — Arroche étalée.
Var. α. Hastata (Atriplex hastata L.).
β. Apatula (Atriplex patula L.).

C. C. — Bords des routes, lieux cultivés.

On trouve des intermédiaires nombreux entre les deux variétés.

65. **Polygonées** (Jussieu).

RUMEX CONGLOMERATUS (Murray). — **Rumex aggloméré.**

Syn. : Ruméx nemolapathum (D. C.).

C. C. — Bois, prés.

RUMEX NEMOROSUS (Schrader). — **Rumex des bois.**

C. — Prairies, bois.

RUMEX OBTUSIFOLIUS L. — **Rumex à feuilles obtuses.**

A. C. — Prairies, bords des eaux.

RUMEX CRISPUS L. — **Rumex crépu.**

C. C. — Prairies, bords des chemins.

RUMEX HYDROLAPATHUM (Hudson). — **Rumex patience d'eau.**

C. — Bords du canal, mares.

RUMEX ACETOSA L. — **Rumex oseille.**

C. C. — Prairies, pelouses.

POLYGONUM AMPHIBIUM L. — **Renouée amphybie.**

Var. α. Natans.

β. Terrestre.

C. — Fossés, rivières, mares.

POLYGONUM LAPATHIFOLIUM L. — **Renoué à feuilles de patience.**

Var. β. Incanum.

γ. Nodosum (Polygonum nodosum) Pers.

S.-var. Maculatum.

C. — Lieux humides, bords des rivières.

POLYGONUM PERSICARIA L. — **Renouée persicaire.**

S.-var. Maculatum.

C. — Lieux inondés, champs humides.

POLYGONUM MITE (Schrank). — **Renouée douce.**

Syn. : Polygonum laxiflorum (Weihe).

Polyg. dubium (Stein).

R. — Fossés humides, Méry.

POLYGONUM HYDROPIPER L. — Renouée poivre d'eau.
A. C. — Fossés humides, bords des eaux.

POLYGONUM AVICULAIRE L. — Renouée des oiseaux.
Var. β. Erectum (Coss. et Germ.).
C. C. C. — Partout.

POLYGONUM CONVOLVULUS L. — Renouée liseron.
C. C. — Champs, moissons.

66. Thymélées (Jussieu).

PASSERINA ANNUA (Wichstroens). — Thymélée passerine.
Syn. : Stellera passerina L.
A. R. — Champs après la moisson, Méry, Saint-Oulph, Grandes-Chapelles.

67. Santalacées (R. Br.).

THESIUM HUMIFUSUM (D. C.). — Thésion couché.
R. — Pelouses, friches, Méry, Grandes-Chapelles, Chapelles-Vallon.

68. Aristolochiées (Jussieu).

ASARUM EUROPŒUM L. — Asaret d'Europe.
R. R. R. — Abonde à la garenne de La Perthe.

69. Euphorbiacées (Jussieu).

EUPHORBIA HELIOSCOPIA L. — Euphorbe réveil matin.
C. — Dans les cultures.

EUPHORBIA PLATYPHYLLA L. — Euphorbe à larges feuilles.
A. C. — Bois, prairies.

EUPHORBIA STRICTA L. — Euphorbe roide.
R. R. — Bords des fossés, Méry.

EUPHORBIA VERRUCOSA L. — Euphorbe verruqueux.
C. — Bois, prairies sèches.

EUPHORBIA PALUSTRIS L. — Euphorbe des marais.
C. — Bords des eaux, fossés humides.

Euphorbia esula L. — Euphorbe ésule.

R. R. R. — Un seul pied à Mesgrigny, près la gare, où il s'est développé accidentellement.

Euphorbia Gerardiana L. — Euphorbe de Gérard.

A. C. — Friches, pelouses, bords des champs.

Euphorbia cyparissias L. —Euphorbe petit cyprès.

C. C. C. — Pelouses, bords des champs.

Euphorbia peplus L. — Euphorbe péplus.

C. C. — Lieux cultivés, jardins.

Euphorbia exigua L. — Euphorbe exigu.

C. C. C. — Champs, cultures.

Euphorbia falcata L. — Euphorbe en faux.

A. R. — Champs, Méry, Droupt-Saint-Bâle, Grandes-Chapelles, Viâpres-le-Petit.
Var. Pratensis (Nob.).
Plante dressée et non à rameaux étalés comme dans le type.
Prairies à Méry-sur-Seine !

Mercurialis perennis L. — Mercuriale vivace.

R. R. — Mais très-commune à la garenne de La Perthe.

Mercurialis annua L. — Mercuriale annuelle.

C. C. C. — Partout.

70. **Cannabinées** (Endlicher).

Cannabis sativa L. — Chanvre cultivé.

Cultivé assez rarement. Boulages, Viâpres-le-Petit.

Humulus lupulus L. — Houblon grimpant.

C. — Bords de l'eau.

71. **Ulmacées** (Mirbel).

Ulmus campestris L. — Orme champêtre.
Var. α. Campestris.
     β. Suberosa (Ulmus suberosa) (Erh.).
C. — Bois, planté aux bords des routes.

72. Urticées (D. C.).

URTICA DIOICA L. — Ortie dioïque.

    C. C. C. — Près des habitations.

URTICA URENS L. — Ortie brûlante.

    C. C. C. — Jardins, pieds de murs.

PARIETARIA DIFFUSA (Weddel). — Pariétaire officinale.

    Syn. : Pariet. judaica (D. C.) non L.
    R. — Mais commun dans les haies de Boulages, Charny.

PARIETARIA ERECTA (Mert. et Koch.).

    Syn. : P. officinalis L.
    R. — Charny-le-Bachot.

73. Sanguisorbées (Jussieu).

APHANES ARVENSIS L. — Aphanes des champs.

    Syn. : Alchemilla arvensis (Scopoli).
    C. C. — Champs en friches.

POTERIUM SANGUISORBA L. — Pimprenelle sanguisorbe.

    Var. α. Pot. dictyocarpum (Spach.).
        β. Pot. muricatum (Spach.).
    C. — Prairies, fréquemment cultivé en prés artificiels.

SANGUISORBA OFFICINALIS L. — Sanguisorbe officinale.

    A. C. — Prairies humides.

74. Cupulifères (Richard).

FAGUS SYLVATICA L. — Hêtre des bois.

    R. R. — Quelques pieds dans les garennes des Ruez.

QUERCUS SESSILIFOLIA (Smith). — Chêne à fruits sessiles.

    R. R. — Bois, Méry, Plancy.

QUERCUS PEDUNCULATA (Ehraht). — Chêne pédonculé.

    A. R. — Avec le précédent.

CORYLUS AVELLANA L. — Coudrier noisetier.

    C. — Bois, garennes.

CARPINUS BETULA L. — Charme commun.

Assez rarement planté dans les bois de notre canton.

75. Salicinées (Richard).

SALIX ALBA L. — Saule blanc.

Var. β. Vitellina (Seringe).
C. C. — Bois humides.

SALIX SERINGEANA (Gaud.). — Saule de Seringe.

Syn. : S. rugosa (Smith).
R. — Méry-sur-Seine, Droupt-Sainte-Marie.

SALIX RUBRA (Hudson). — Saule rouge.

Syn. : Sal. fissa (Ehoh.).
R. R. — Méry-sur-Seine.

SALIX FRAGILIS L. — Saule fragile.

Var. β. Salix russelliana. — Beaucoup plus rare que le
type.
C. C. — Bois humides, bords des cours d'eau.

SALIX TRIANDRA L. — Saule à trois étamines.

Syn. : Salix amygdalina L.
C. — Ruisseaux, rivières.

SALIX PURPUREA L. — Saule pourpre.

Syn. : Salix monandra (Hudson).
A. C. — Lieux humides, fossés.

SALIX VIMINALIS L. — Saule des vanniers.

C. C. — Bords des rivières.

SALIX CINEREA L. — Saule cendré.

C. C. — Bois, friches arides, Grandes et Petites-Chapelles.

SALIX CAPRÆA L. — Saule Marceau.

C. C. — Bois, friches arides, avec le précédent.

SALIX AURITA L. — Saule à oreillettes.

R. — Marais tourbeux, Châtres, Méry.

SALIX REPENS L. — Saule rampant.

R. R. R. — Marais tourbeux de Boulages (Des Etangs).

On trouve dans les plantations diverses espèces de peupliers ·
Populus tremula L. — Tremble.
Populus alba L. — Peuplier de Hollande.
Populus pyramidalis (Rosier). — Peuplier d'Italie.
Populus virginiana (Desf.). — Peuplier suisse.

76. **Bétulinées** (Richard).

BELULA ALBA L. — Bouleau blanc.
C. — Bois secs, garennes.

ALNUS GLUTINOSA (Gœrtner). — Aune glutineux.
C. C. C. — Bois humides, bords des cours d'eau.

77. **Conifères** (Jussieu).

JUNIPERUS COMMUNIS L. — Génévrier commun.
A. C. — Garennes, friches, La Perthe, les Grandes et Petites-Chapelles, château des Ruez.

MONOCOTYLÉDONÉS

78. **Alismacées** (Jussieu).

ALISMA PLANTAGO L. — Fluteau plantain d'eau.
C. C. — Fossés humides, cours d'eau.

ALISMA RANUNCULOIDES L. — Fluteau fausse renoncule.
A. C. — Marécages, Méry, Châtres, Droupt-Sainte-Marie.

SAGITTARIA SAGITTIFOLIA L. — Sagittaire flèche d'eau.
C. — Cours d'eaux, marais.

79. **Butomées** (Richard).

BUTOMUS UMBELLATUS L. — Butome en ombelle.
A. C. — Fossés humides, bords des rivières.

80. **Juncaginées** (Richard).

TRIGLOCHIN PALUSTRE L. — Troscart des marais.
R. R. R. — Lieux inondés, Droupt-Sainte-Marie.

81. **Potamées** (Jussieu).

POTAMOGETON NATANS L. — Potamot nageant.

A. C. — Mares, ruisseaux qui coulent lentement.

POTAMOGETON FLUITANS L. — Potamot flottant.

A. C. — Mêmes localités, fontaine Saint-Thibault, près Mesgrigny.

POTAMOGETON LUCENS L. — Potamot luisant.

A. C. — Fossé vert à Châtres, dans la Seine à Méry, rivière du Melda !

POTAMOGETON PERFOLIATUS L. — Potamot perfolié.

C. C. — Cours d'eaux, rivières.

POTAMOGETON DENSUS L. — Potamot serré.

C. — Fossés des marais, rivières.

POTAMOGETON PUSILLUS L. — Potamot fluet.

A. C. — Fossés, à Méry, Saint-Oulph, Droupt-Sainte-Marie.

POTAMOGETON PECTINATUS L. — Potamot pectiné.

R. R. — Ruisseau d'un jardin à Méry.

82. **Naïadées** (Linck).

NAIAS MAJOR (Roth). — Naiade majeure.

Syn. : Naïas marina L.
R. — Canal de la Haute-Seine à Méry, Droupt-Sainte-Marie, Saint-Oulph.

CAULINIA FRAGILIS (Roth). — Caulinie fragile.

Syn. : Naïas minor (All.).
R. — Mais très-abondant dans le canal de la Haute-Seine, à Méry.

83. **Lemnacées** (Linck).

LEMNA TRISULCA L. — Lenticule à trois lobes.

A. C. — Eaux stagnantes.

LEMNA MINOR L. — Lenticule mineure.

C. — A la surface des eaux dormantes.

84. Typhacées (Jussieu).

TYPHA LATIFOLIA L. — Massette à larges feuilles.

    A. R. — Fossés à Saint-Oulph, mares de la prairie de Boulages, Châtres.

SPARGANIUM RAMOSUM (Hudson). — Rubanier rameux.

    C. — Fossés, mares, rivières.

85. Aroïdées (Jussieu).

ARUM MACULATUM L. — Gouet tacheté.

    C. — Bois, haies.

86. Orchidées (Jussieu).

ORCHIS FUSCA (Jacquin). — Orchis brun.

    Syn. : Orchis militaris L.

    R. — Garennes de Droupt-Saint-Bâle, parc des Ruez.

ORCHIS LAXIFLORA (Lamarck). — Orchis à fleurs lâches.

    R. — Abondant dans les prés de Châtres, Droupt-Sainte-Marie.

ORCHIS INCARNATA L. — Orchis incarnat.

    Syn. : Orchis divaricata (Richard).

    R. — Commune dans les prés de Châtres.

GYMNADENIA CONOPSEA (R. Br.). — Gymnadénie moucheron.

    Syn. : Orchis conopsea L.

    R. — Très-abondant dans le marais de Droupt-Sainte-Marie.

HIMANTOGLOSSUM HIRCINUM (Richard). — Himantoglosse à odeur de bouc.

    Syn. : Satyrium hircinum L.

    R. R. — Quelques pieds dans une garenne entre Droupt-Saint-Bâle et le château des Ruez.

PLATANTHERA MONTANA (Schmidt). — Platanthère des montagnes.

    Syn. : Orchis bifolia γ L.

    R. — Garennes de Droupt-Saint-Bâle.

OPHRYS MUSCIFERA (Hudson). — Ophris mouche.

Syn. : Oph. insectifera, α myodes L.

A. R. — Abondant dans la garenne de Droupt-Saint-Bâle, garenne de La Perthe.

OPHRYS ARANIFERA (Hudson). — Ophris araignée.

R. R. — Garennes de Droupt-Saint-Bâle.

OPHRYS ARACHNITES (Hoffm.). — Ophris frelon.

Syn. : O. insectifera, η arachnite L.

A. R. — Garennes de Droupt-Saint-Bâle et de La Perthe.

OPHRYS APIFERA (Hudson). — Ophris abeille.

Syn. : O. insectifera ι L.

R. R. — Garennes de Droupt-Saint-Bâle.

ACERAS ANTHROPOPHORA (R. Br.). — Acéras homme-pendu.

Syn. : Orch. anthropophora L.

R. — Très-abondant à Droupt-Saint-Bâle, garennes.

CEPHALANTHERA PALLENS (Richard). — Céphalanthère à grandes fleurs.

Syn. : Scrapias grandiflora L.

A. C. — Pelouses sèches, Méry, Droupt-Saint-Bâle, Grandes et Petites-Chapelles, etc., etc.

EPIPACTIS LATIFOLIA (Allioni). — Epipactis à larges feuilles.

Syn. : Scrapias helleborina, α latifolia L.

Var. β. Atrorubens (Bluff. et Fing.).

C. — Collines incultes, pelouses, garennes de vodres.

EPIPACTIS PALUSTRIS (Crantz). — Epipactis des marais.

Syn. : Scrapias latifolia β et γ (L.).

A. R. — Marécages, Châtres, Droupt-Sainte-Marie.

LISTERA OVATA (R. Br.). — Listérie ovale.

Syn. : Ophris ovata L.

C. — Bois ombragés.

87. **Iridées** (Jussieu).

IRIS GERMANICA L. — Iris d'Allemagne.

Subspontané, sur les murs recouverts en terre dans quelques villages.

IRIS PSEUDO-ACORUS L. — Iris faux-acore.

C. C. — Bords des eaux.

88. **Asparaginées** (Richard).

ASPARAGUS OFFICINALIS L. — Asperge officinale.
> R. R. — Spontané? prés et bois à Méry-sur-Seine.

POLYGONATUM MULTIFLORUM (Desf.). — Polygonatum multiflore.
> Syn. : Convallaria multiflora L.
> A. R. — Garenne de La Perthe.

CONVALLARIA MAIALIS L. — Muguet de mai.
> R. — Garenne de La Perthe, près de l'Abbaye-sous-Plancy,
> parc de Droupt-Saint-Bâle.

89. **Liliacées** (D. C.).

GAGEA ARVENSIS (Schultz). — Gagée des champs.
> Syn. : Gagea villosa (Duby).
> Ornithogalum arvense (Pers.).
> R. R. R. — Vignes de Premierfait.

ALLIUM ACUTANGULUM (Schrader). — Ail à angles aigus.
> Syn. : Allium senescens (Duby) non L.
> A. R. — Marais de Droupt-Sainte-Marie, Châtres, Méry-
> sur-Seine.

ALLIUM VINEALE L. — Ail des vignes.
> S.-var. Compactum (Allium compactum) (Thuillier).
> C. C. — Allées des jardins, bords des chemins des bois.

ALLIUM OLERACEUM L. — Ail des lieux cultivés.
> A. R. — Jardins, vergers, prés, Méry, Droupt-Sainte-Marie.

MUSCARI COMOSUM (Miller). — Muscari à toupet.
> Syn. : Hyacinthus comosus (L.).
> A. C. — Pelouses, vignes, garennes.

MUSCARI RACEMOSUM (Miller). — Muscari à grappes.
> Syn. : Hyacinthus racemosus L.
> C. — Champs, lieux cultivés.

90. **Colchicacées** (D. C.).

COLCHICUM AUTUMNALE L. — Colchique d'automne.
C. C. C. — Prairies.

91. **Joncées** (D. C.).

JUNCUS CONGLOMERATUS L. — Jonc aggloméré.
C. — Marais, lieux humides.

JUNCUS EFFUSUS L. — Jonc épars.
C. — Avec le précédent.

JUNCUS GLAUCUS (Erhart). — Jonc glauque.
C. C. — Mêmes localités que les précédentes.

JUNCUS OBTUSIFLORUS (Erhart). — Jonc à fleurs obtuses.
A. C. — Marais tourbeux, bords des fossés, Droupt-Sainte-
Marie, Châtres, etc.

JUNCUS SYLVATICUS (Reich.). — Jonc des bois.
Syn. : Juncus articulatus γ L.
Juncus acutiflorus (Erhart).
C. — Lieux sablonneux humides, marais.

JUNCUS LAMPROCARPUS (Erhart). — Jonc à fruit luisant.
C. — Marais, lieux humides.

JUNCUS COMPRESSUS (Jacquin). — Jonc comprimé.
Syn. : Juncus bulbosus L.
C. — Bords des chemins.

JUNCUS BUFONIUS L. — Jonc des crapauds.
Var. β. Fasciculatus (Koch).
C. C. — Fossés fangeux, lieux humides.

JUNCUS ULIGINOSUS (Meyer). — Jonc des marais.
R. — Droupt-Sainte-Marie.

92. **Cypéracées** (Jussieu).

CYPERUS FUSCUS L. — Souchet brun.
R. — Lieux sablonneux humides, Châtres, Droupt-Sainte-
Marie.

CLADIUM MARISCUS (R. Br.). — Cladium marisque.
Syn. : Schœnus mariscus L.

R. — Fossés, tourbières, Droupt-Sainte-Marie, Boulage (Des Etangs).

HELEOCHARIS PALUSTRIS (R. Br.). — Héléocharis des marais.

Syn. : Scirpus palustris L.
C. C. — Lieux inondés, tourbières.

HELEOCHARIS ACICULARIS (R. Br.). — Héléocharis épingle.

Syn. : Scirpus acicularis L.
A. R. — Bords du canal entre Droupt-Sainte-Marie et Saint-Oulph, mares de Châtres.

SCIRPUS PAUCIFLORUS (Lightf.). — Scirpe pauciflore.

Syn. : Scirpus Bœothryon (Erhart).
R. — Marais tourbeux, Droupt-Sainte-Marie, Châtres.

SCIRPUS LACUSTRIS L. — Scirpe des lacs.

S.-var. Fluitans.
C. C. — Mares, rivières.

SCIRPUS TABERNÆMONTANI (Gmelin). — Scirpe de Tabernæmantanus.

R. R. — Se rencontre abondamment dans les mares tourbeuses, le long des fossés de la prairie de Châtres, Méry.
Ce Scirpus diffère du Scirpus lacustris par les akènes convexes sur les deux faces, non trigones à deux stigmates.

SCIRPUS MARITIMUS L. — Scirpe maritime.

A. C. — Bords des eaux, fossés, mares, Châtres, Droupt-Sainte-Marie, Méry.

CAREX DAVALLIANA (Smith). — Carex de Davall.

Syn. : C. dioica (Host.) non L.
R. R. — Marais tourbeux de Droupt-Sainte-Marie.

CAREX DISTICHA (Hudson). — Carex distique.

Syn. : Carex intermedia (Good.).
C. — Prairies humides.

CAREX VULPINA L. — Carex des renards.

C. C. C. — Bords des eaux, bois humides.

CAREX MURICATA L. — Carex muriqué.

Var. β. Divulsa (Carex divulsa) (Good.).
C. — Fossés humides, prairies.
La var. β sur la lisière des bois.

Carex cœspitosa L. non Good. — Carex cespiteux.

Syn. : Carex stricta (Good.).

C. — Prairies humides, marais, où il forme de véritables îlots.

Carex Goodenovii (Gay). — Carex de Goodenough.

Syn. : Carex vulgaris (Fries).

Carex cœspitosa (Good.) non L.

A. C. — Mêlé au précédent, dont il se distingue facilement par son port moins robuste.

Carex tomentosa L. — Carex tomenteux.

C. — Bords des mares, prairies.

Carex panicea L. — Carex faux-panic.

C. C. — Bords des fossés humides.

Carex flava L. — Carex jaune.

A. R. — Prés humides, marais, Droupt-Sainte-Marie, Boulages.

Carex OEderi (Ehrart). — Carrex d'OEder.

C. C. — Lieux sablonneux, mares desséchées.

Carex Hornschuchiana (Hoppe). — Carex d'Hornschuch.

R. R. — Marais de Droupt-Sainte-Marie.

Carex distans L. — Carex distant.

R. — Prairies humides, marais tourbeux, Châtres, Droupt-Sainte-Marie.

Carex paludosa (Good.). — Carex des marais.

C. — Marais, bords des eaux.

Carex riparia (Curtis). — Carex des rives.

C. C. — Avec le précédent.

Carex hirta L. — Carex hérissé.

Var. β. Hirtæformis (Carex hirtæformis) (Pers.).

C. — Sables humides, bords des mares.

93. Graminées.

Digitaria sanguinalis L. (Scopoli). — Digitaire sanguine.

Syn. : Panicum sanguinale L.

R. — Allées de jardins à Méry.

OPLISMENUS CRUS-GALLI (Kunth). — Oplismène pied de coq.

     Syn. : Panicum crus-galli (L).

     C. — Lieux sablonneux, jardins.

SETARIA VERTICILLATA (Palisot de Beauvais). — Sétaire verticillée.

     Syn. : Panicum verticillatum L.

     C. — Lieux cultivés, jardins.

SETARIA VIRIDIS (Pal. de B.). — Sétaire verte.

     Syn. : Panicum viride L.

     C. C. — Avec le précédent.

BALDINGERA COLORATA (Dumor.). — Baldingère colorée.

     Syn. : Phalaris arundinacea L.

     C. — Bords des eaux, bois humides.

ANTHOXANTHUM ODORATUM L. — Flouve odorante.

     C. — Prairies.

ALOPECURUS AGRESTIS L. — Vulpin des champs.

     C. C. C. — Bords des chemins, pelouses.

ALOPECURUS GENICULATUS L. — Vulpin genouillé.

     C. — Prairies humides, fossés.

PHLEUM BŒHMERI (Wibel). — Phléole de Bœhmer.

     Syn. : Phalaris phlœoides L.

     R. R. R. — Abondant dans une localité unique sur les confins du canton près d'Orvilliers (J. Benoit).

PHLEUM PRATENSE L. — Phléole des prés.

     Var. β. Nodosum L.

     C. C. — Prairies, bois.

AGROSTIS ALBA L. — Agrostide blanche.

     Var. α. Agr. Stolonifera L.

        β. Agr. vulgaris (Vith.).

     C. C. — Lieux herbeux, prairies, bois.

PHRAGMITES COMMUNIS (Trinius). — Phragmite commun.

     Syn. : Arundo phragmites L.

     C. C. — Bords des eaux, marais.

KŒLERIA CRISTATA (Pers.). — Kœlérie à crête.

> Syn. : Aira cristata L.
> Poa cristata L.
> C. C. — Bords des chemins, champs secs.

DESCHAMPSIA CŒSPITOSA (Pal. de Beauvais). — Deschampsie gazonnante.

> Syn. : Aira cœspitosa.
> C. C. — Bords des bois, prairies.

CYNODON DACTYLON (Rich.). — Chiendent dactyle.

> Syn. : Panicum dactylon L.
> C. — Sables des rivières.

HOLCUS LANATUS L. — Houlque laineuse.

> C. C. — Prairies, bois.

ARRHENATHERUM ELATIUS (Mertens et Koch.). — Arrhenathère élevé. Fromental.

> Syn. : Avena elatior L.
> Var. β. Bulbosum (Koch.). Avena precatoria (Thuillier).
> C. — Bords des fossés, des champs, prairies.

AVENA FATUA L. — Avoine folle.

> A. C. — Moissons.

AVENA PUBESCENS L. — Avoine pubescente.

> R. — Bords des chemins, Châtres, etc. (Jules Benoit).

AVENA PRATENSIS L. — Avoine des prés.

> R. — Avec le précédent (J. Benoit).

TRISETUM FLAVESCENS (P. de Beauv.). — Trisète jaunâtre.

> Syn. : Avena flavescens L.
> A. C. — Bords des chemins, prairies.

BRIZA MEDIA L. — Brize intermédiaire.

> C. C. C. — Prés, bois.

POA ANNUA L. — Paturin annuel.

> C. C. C. — Allées de jardins, habitations.

POA BULBOSA L. — Paturin bulbeux.

> A. R. — Murailles, pelouses sèches, Châtres (J. Benoit).

POA NEMORALIS L.   Paturin des forêts.
R. — Prairies, bois, Méry.

POA PRATENSIS L. — Paturin des prés.
C. — Prés, bois.

POA TRIVIALIS L. — Paturin commun.
C. C. — Lieux humides, chemins.

POA COMPRESSA L. — Paturin comprimé.
C. C. — Pelouses, lieux arides.

GLYCERIA SPECTABILIS (Mertens et Roch). — Glycérie remarquable.
Syn. : Poa aquatica (L).
C. — Fossés humides, mares.

GLYCERIA FLUITANS (R. Br.). — Glycérie flottante.
Syn. : Festuca fluitans L.
Var. α. Fluitans (Fries).
      β. Plicata (Fries).
C. — Fossés pleins d'eau, rivières.

MOLINIA CŒRULEA (Mœnch.). — Molinie bleue.
Syn. : Aira cœrulea L.
C. C. — Marais tourbeux, prairies humides.

DACTYLIS GLOMERATA L. — Dactyle aggloméré.
C. C. C. — Prés, bois, bords des chemins.

CYNOSURUS CRISTATUS L. — Cynosure à crêtes.
C. — Prairies.

FESTUCA TENUIFLORA (Schrader). — Fétuque à fleurs tenues.
Syn. : Nardus tenellus (Rehb.).
A. R. — Lieux arides, Méry, Vallant, entre Châtres et Orvilliers (J. Benoit).

FESTUCA OVINA L. — Fétuque ovine.
Var. α. F. ovina L.
      β. F. tenuifolia (Sibth.).
      γ. F. duriuscula L.
S.-var. F. Glauca (Schrader).
C. C. — Lieux secs, pelouses arides, bords des routes.

Festuca rubra L. — Fétuque rouge.
R. R. — Dans un jardin de Châtres (J. Benoit).

Festuca pratensis (Huds.). — Fétuque des prés.
Syn. : F. elatior L.
R. — Prairies, Méry, Châtres.

Festuca arundinacea (Schreler). — Fétuque roseau.
R. — Mêmes localités que le précédent.

Brachypodium sylvaticum (Bœmer et Schultz). — Brachypode des bois.
Syn. : Bromus pinnatus β L.
Triticum sylvaticum (Mœnch).
C. C. — Bords des bois, buissons.

Brachypodium pinnatum (P. de Beauv.). — Brachypode penné.
Syn. : Bromus pinnatus L.
Triticum pinnatum (Mœnch).
C. — Bords des chemins, prairies.

Bromus sterilis L. — Brome stérile.
C. C. — Bords des chemins, lieux secs.

Bromus arvensis L. — Brome des champs.
Syn. : Serrafalcus arvensis (Godron).
A. C. — Champs, moissons.

Bromus mollis L. — Brome mou.
Syn. : Serrafalcus mollis (Partat).
C. C. — Pelouses, bords des chemins.

Bromus secalinus L. — Brome seigle.
Syn. : Serrafalcus secalinus (Babingt).
S.-var. Velutinus (Br. grossus) (D. C.).
A. C. — Moissons.

Bromus erectus (Huds.). — Brome dressé.
C. C. — Bords des chemins, prairies.

Bromus asper (Murr.). — Brome rude.
R. R. — Jeunes taillis à Châtres (J. Benoit).

Bromus giganteus L. — Brome géant.
>   Syn. : Festuca gigantea (Villan).
>   A. C. — Bords des fossés, bois, Méry, Châtres (J. Benoit).

Triticum repens. — Froment rampant.
>   Syn. : Braconotia officinarum (Godr.).
>   C. C. C. — Partout.

Triticum caninum (Schreber). — Froment canin.
>   Syn. : Braconotia elyminoides (Godron).
>   Elimus caninus L.
>   C. — Bois, prairies, buissons.

Hordeum murinum L. — Orge des rats.
>   C. C. C. — Décombres, pieds des murs.

Hordeum secalinum (Schreber). — Orge seigle.
>   Syn. : Hord. nodosum L.
>   A. C. — Prairies, bords des bois.

Lolium perenne L. — Ivraie vivace.
>   Var. α. Tenue (Lolium tenue) L.
>   β. Cristatum.
>   C. C. C. — Pelouses, bords des chemins, prairies.

Lolium Italicum (Al. Braun). — Ivraie ray-grass d'Italie.
>   Syn. : Lolium bouchœanum (Kunth).
>   Subspontané dans le voisinage des cultures.

Lolium multiflorum (Lamarck). — Ivraie multiflore.
>   A. R. — Champs, pâturages, Méry, etc.

Lolium temulentum L. — Ivraie énivrante.
>   A. C. — Moissons, Méry, Châtres (J. Benoit), etc.

ACOTYLÉDONÉS

VASCULAIRES

94. Equisetacées (D. C.).

Equisetum arvense L. — Prêle des champs.
>   C. C. — Champs humides, bords des ruisseaux.

EQUISETUM PALUSTRE L. — Prêle des marais.
C. — Marais, lieux humides.

EQUISETUM LIMOSUM L. — Prêle des bourbiers.
C. C. — Marécages, fossés aquatiques.

95. Filicinées (L.).

POLYPODIUM VULGARE L. — Polypode commun.
A. R. — Dans les souches creuses des arbres, principalement des Salix. Méry, Châtres, Saint-Oulph, Plancy.

ASPLENIUM TRICHOMANES L. — Doradille Polytric.
R. R. R. — Châtres, puits du presbytère.

SCOLOPENDRIUM OFFICINARUM (Swartz). — Scolopendre des officines.
Syn. : Asplenium scolopendrium L.
A. R. — Dans les puits, Châtres, Etrelles, Grandes-Chapelles.

96. Characées (Richard).

CHARA HISPIDA L. — Charagne hispide.
Var. α. Ch. hispida (Al. Braun).
β. Ch. dasiacantha (Al. Braun).
C. C. — Mares, fossés.

CHARA FŒTIDA (Al. Braun). — Charagne fétide.
Syn. : Chara vulgaris L. ex parte.
Var. α. Fœtida (Al. Braun).
β. Longibracteata (Kutz).
γ. Subhispida (Al. Braun).
C. — Fossés peu profonds, bords des mares.

CHARA FRAGILIS (Desvaux). — Charagne fragile.
Syn. Chara vulgaris L. ex parte.
Var. α. Longibracteata (Al. Braun).
Syn. : Chara fragilis, V. virgata et trichodes (Kutz);
Chara capillacea (Wallm. non Thuillier).
A. C. — Fossés, eaux stagnantes.

NITELLA INTRICATA (Agardh). — Nitelle intriquée.

    Syn. : Chara intricata (Roth).
           Nitella fasciculata (Al. Braun).
           Nitella glomerata. — L'Illustrat. flor. parisi. in adn.
           tab. 44.

    R. R. R. — Méry, avril 1873.

NITELLA GLOMERATA (Coss. et Germ.) — Nitelle agglomérée.

    Syn. : Chara glomerata (Desvaux).
    R. R. R. — Mêlé au Nitella opaca. Méry-sur-Seine !

NITELLA OPACA (Agardh.). — Nitelle opaque.

    Syn. : Nitella syncarpa. V. smithii (Coss. et Germain).
           Nitella syncarpa. V. opaca (Kutz).
           Nitella syncarpa. V. glomerata et pachygyra (Al.
           Braun).
           Nitella atrovirens (Wallm.).

    R. R. R. — Méry-sur-Seine ! avril 1873.

(Extrait des Mémoires de la Société Académique de l'Aube. —
Tome XXXVIII, 1874.